CONSTITUIÇÃO APOSTÓLICA
PRAEDICATE EVANGELIUM

PAPA FRANCISCO

CONSTITUIÇÃO APOSTÓLICA
PRAEDICATE EVANGELIUM

SOBRE A CÚRIA ROMANA
E SEU SERVIÇO À IGREJA NO MUNDO

Direção-geral: *Flávia Reginatto*
Editora Responsável: *Vera Bombonatto*
Tradução: *Tradução oficial da Santa Sé, adaptado para o português do Brasil*

Título original: *Praedicate Evangelium – Costituzione Apostolica sulla Curia Romana e il suo servizio alla Chiesa nel mondo*

© dos textos originais, 2022:
Libreria Editrice Vaticana 00120 Città del Vaticano

© da tradução em português para o Brasil, 2022:
Conferência Nacional dos Bispos do Brasil – CNBB
SE/Sul Quadra 801, Conjunto B – 70.200-014,
Brasília-DF

As citações bíblicas constantes desta obra foram transcritas da Bíblia Sagrada – Tradução Oficial da CNBB, 5ª edição – 2021.

1ª edição – 2022

Nenhuma parte desta obra poderá ser reproduzida ou transmitida por qualquer forma e/ou quaisquer meios (eletrônico ou mecânico, incluindo fotocópia e gravação) ou arquivada em qualquer sistema ou banco de dados sem permissão escrita da Editora. Direitos reservados.

Paulinas
Rua Dona Inácia Uchoa, 62
04110-020 – São Paulo – SP (Brasil)
Tel.: (11) 2125-3500
http://www.paulinas.com.br
editora@paulinas.com.br
Telemarketing e SAC: 0800-7010081
© Pia Sociedade Filhas de São Paulo – São Paulo, 2022

LISTA DE SIGLAS

ASu	*Apostolos Suos*
CD	*Christus Dominus*
CfL	*Christifideles Laici*
DV	*Dei Verbum*
EG	*Evangelii Gaudium*
LF	*Lumen Fidei*
LG	*Lumen Gentium*
PA	*Pastor Aeternus*
PG	*Pastores Gregis*
RMi	*Redemptoris Missio*

Capítulo I
PREÂMBULO

1. *Praedicate evangelium* (cf. Mc 16,15; Mt 10,7-8): é a tarefa que o Senhor Jesus confiou aos seus discípulos. Esse mandato constitui "o primeiro serviço que a Igreja pode prestar a cada homem e a toda a humanidade no mundo de hoje" (RMi, n. 2).[1] Ela foi chamada para isto: anunciar o Evangelho do Filho de Deus, Cristo Senhor, e, com ele, suscitar a escuta da fé em todos os povos (cf. Rm 1,1-5; Gl 3,5). A Igreja cumpre seu mandato, sobretudo, quando testemunha, com palavras e obras, a misericórdia que ela mesma recebeu gratuitamente. Nosso Senhor e Mestre deixou-nos o exemplo disso quando lavou os pés dos seus discípulos e disse que seríamos bem-aventurados se também fizermos o mesmo (cf. Jo 13,15-17). Desse modo, com "obras e gestos, a comunidade missionária entra na vida diária dos outros, encurta as distâncias, abaixa-se – se for necessário – até à humilhação e assume a vida humana, tocando a carne sofredora de Cristo no povo"

---

[1] SÃO JOÃO PAULO II. Carta Encíclica *Redemptoris Missio*: sobre a validade permanente do mandato missionário, 7 de dezembro de 1990.

(EG, n. 24).[2] Fazendo assim, o povo de Deus cumpre o mandamento do Senhor, que, ao pedir para anunciar o Evangelho, nos instou a cuidar dos irmãos mais fracos, doentes e sofredores.

A conversão missionária da Igreja

2. A "conversão missionária" da Igreja (EG, n. 30) destina-se a renovar a Igreja segundo a imagem da própria missão de amor de Cristo. Seus discípulos e discípulas são, portanto, chamados a ser "luz do mundo" (Mt 5,14). Esse é o modo com o qual a Igreja reflete o amor salvífico de Cristo, que é a Luz do mundo (cf. Jo 8,12). Ela mesma se torna mais radiante quando traz aos homens o dom sobrenatural da fé, "luz para a estrada orientando os nossos passos no tempo", e servindo o Evangelho para que essa luz "cresça a fim de iluminar o presente até se tornar estrela que mostra os horizontes do nosso caminho, em um tempo em que o homem vive particularmente carecido de luz" (LF, n. 4).[3]

3. A reforma da Cúria Romana insere-se também no contexto da missionariedade da Igreja. Assim foi

---

[2] FRANCISCO. Exortação Apostólica *Evangelii Gaudium* (A alegria do Evangelho): sobre o anúncio do Evangelho no mundo atual. (Documentos Pontifícios, 17). Brasília: Edições CNBB, 2015.

[3] FRANCISCO. Carta Encíclica *Lumen Fidei:* a luz da fé. Brasília: Edições CNBB, 2013. (Documentos Pontifícios, 16).

nos momentos em que o anseio de reforma se fez sentir mais urgentemente, como ocorreu no século XVI, com a Constituição Apostólica *Immensa aeterni Dei* de Sisto V (1588) e no século XX, com a Constituição Apostólica *Sapienti Consilio* de Pio X (1908). Após a celebração do Concílio Vaticano II, São Paulo VI, referindo-se explicitamente aos desejos expressos pelos Padres conciliares (CD, n. 9),[4] com a Constituição Apostólica *Regimini Ecclesiae universae* (1967), dispôs e realizou uma reforma da Cúria.

Posteriormente, São João Paulo II promulgou a Constituição Apostólica *Pastor bonus* (1988), a fim de sempre promover a comunhão em todo o organismo da Igreja.

Em continuidade com essas duas reformas recentes e com gratidão pelo serviço generoso e competente que ao longo do tempo tantos membros da Cúria prestaram ao Romano Pontífice e à Igreja universal, esta nova Constituição Apostólica pretende harmonizar melhor o exercício hodierno do serviço da Cúria com o caminho de evangelização, que a Igreja, sobretudo neste tempo, está vivendo.

---

[4] Cf. CONCÍLIO VATICANO II. Decreto *Christus Dominus*: sobre o múnus pastoral dos Bispos na Igreja. In: SANTA SÉ. *Concílio Ecumênico Vaticano II*: Documentos. Brasília: Edições CNBB, 2018, p. 395-433.

A Igreja: mistério de comunhão

4. Para a reforma da Cúria Romana, é importante ter presente e valorizar também um outro aspecto do mistério da Igreja: nela, a missão está tão intimamente ligada à comunhão que se pode dizer que a finalidade da missão é precisamente o de "dar a conhecer e viver a todos a 'nova' comunhão que no Filho de Deus feito homem entrou na história do mundo" (CfL, n. 32).[5]

Essa vida de comunhão doa à Igreja o rosto da sinodalidade, isto é, uma Igreja de escuta mútua "na qual cada um tem algo a aprender. Fiéis, Colégio Episcopal, Bispo de Roma: uns escutando os outros, e todos escutando o Espírito Santo, o Espírito da verdade (cf. Jo 14,17), para saber o que Ele diz às Igrejas (cf. Ap 2,7)".[6] Essa sinodalidade da Igreja, então, será entendida como "caminhar junto com o Rebanho de Deus pelos caminhos da história, ao encontro de Cristo Senhor" (CfL, n. 32). Trata-se da missão da Igreja, daquela comunhão que é para a missão e é ela mesma missionária.

A renovação da Igreja e, nela, também da Cúria Romana só pode refletir essa reciprocidade

---

[5] SÃO JOÃO PAULO II. Exortação Apostólica Pós-Sinodal *Christifideles Laici*: sobre a vocação e a missão dos leigos na Igreja e no mundo, 30 de dezembro de 1988.

[6] FRANCISCO. *Comemoração do cinquentenário da Instituição do Sínodo dos Bispos* (Discurso). Aula Paulo VI, 17 de outubro de 2015.

fundamental para que a comunidade dos que creem possa aproximar-se o máximo possível da experiência de comunhão missionária vivida pelos Apóstolos com o Senhor durante sua vida (cf. Mc 3,14) e, depois de Pentecostes, sob a ação do Espírito Santo, pela primeira comunidade de Jerusalém (cf. At 2,42).

O serviço do Primado e do Colégio dos Bispos

5. Entre esses dons dados pelo Espírito para o serviço dos homens, sobressai o dos Apóstolos, que o Senhor escolheu e estabeleceu como um "grupo" estável, do qual colocou como cabeça Pedro, escolhido do meio deles (LG, n. 19).[7] Aos mesmos Apóstolos, confiou uma missão que durará até o fim dos séculos. Para isso, tiveram o cuidado de instituir sucessores (LG, n. 20), para que, como Pedro e os outros Apóstolos, constituíssem, por vontade do Senhor, um único colégio apostólico; assim, ainda hoje, na Igreja, uma sociedade hierarquicamente organizada (LG, n. 8), o Romano Pontífice, sucessor de Pedro, e os Bispos, sucessores dos Apóstolos, estão unidos entre si em um único corpo episcopal, ao qual pertencem os Bispos em virtude da consagração sacramental e da comunhão hierárquica

---

[7] Cf. CONCÍLIO VATICANO II. Constituição Dogmática *Lumen Gentium*. In: SANTA SÉ. *Concílio Ecumênico Vaticano II*: Documentos. Brasília: Edições CNBB, 2018, p. 75-173.

com o cabeça do Colégio e com seus membros, ou seja, com o próprio Colégio (LG, n. 22; PG, n. 8, 55, 66).[8]

6. O Concílio Vaticano II ensina: "A união colegial aparece também nas mútuas relações e cada Bispo com as Igrejas particulares e com a Igreja universal. O Romano Pontífice, como Sucessor de Pedro, é o perpétuo e visível princípio e fundamento de unidade, quer dos Bispos, quer da multidão dos fiéis. Os Bispos individualmente, porém, são o visível princípio e fundamento de unidade em suas Igrejas particulares, formadas à imagem da Igreja universal, nas quais e pelas quais existe a una e única Igreja Católica. Por esse motivo, cada Bispo representa a sua Igreja e todos, juntamente com o Papa, representam toda a Igreja no vínculo da paz, do amor e da unidade" (LG, n. 23).

7. É importante sublinhar que, graças à Divina Providência, ao longo do tempo, várias Igrejas foram estabelecidas em diversos lugares pelos Apóstolos e seus sucessores, que se reuniram em diversos grupos, especialmente as antigas Igrejas patriarcais. O surgimento das Conferências Episcopais na Igreja latina representa uma das formas mais recentes em que a *Communio Episcoporum* se expressou a serviço da *Communio Ecclesiarum*,

---

[8] Cf. SÃO JOÃO PAULO II. Exortação Apostólica Pós-Sinodal *Pastores Gregis*: sobre o Bispo, servidor do Evangelho de Jesus Cristo para a esperança do mundo. (Documentos Pontifícios, 31). Brasília: Edições CNBB, 2017.

com base na *Communio Fidelium*. Por isso, sem prejuízo do próprio poder do Bispo, como pároco da Igreja particular que lhe foi confiada, as Conferências Episcopais, incluindo as suas uniões regionais e continentais, juntamente com as respectivas estruturas hierárquicas orientais, são atualmente uma das formas mais significativas de exprimir e servir a comunhão eclesial nas várias regiões, juntamente com o Romano Pontífice, garante da unidade da fé e da comunhão (LG, n. 18; PA, Preâmbulo).[9]

O serviço da Cúria Romana

8. A Cúria Romana está a serviço do Papa, o qual, como sucessor de Pedro, é o princípio e fundamento perpétuo e visível da unidade dos Bispos e da multidão dos fiéis (PA, n. 23). Em virtude desse vínculo, o trabalho da Cúria Romana está também em relação orgânica com o Colégio Episcopal e com os Bispos individualmente, e também com as Conferências Episcopais e suas Uniões regionais e continentais, e as Estruturas hierárquicas orientais, que são de grande utilidade pastoral e exprimem a comunhão afetiva e efetiva entre os Bispos. A Cúria Romana não se coloca entre o Papa e os Bispos, mas sim a serviço de ambos, de acordo com a natureza de cada um.

---

[9] Cf. CONCÍLIO VATICANO I. Constituição Dogmática *Pastor Aeternus*: sobre a Igreja de Cristo (e a infalibilidade do Romano Pontífice), 18 de julho de 1870.

9. A atenção que a presente Constituição Apostólica dá às Conferências Episcopais e, de modo correspondente e adequado, às Estruturas hierárquicas orientais, move-se no sentido de valorizá-las em sua potencialidade (PG, n. 63), sem que elas atuem como uma interposição entre o Romano Pontífice e os Bispos, mas que estejam a seu inteiro serviço. As competências que lhes são atribuídas nas presentes disposições visam exprimir a dimensão colegial do ministério episcopal e, indiretamente, fortalecer a comunhão eclesial (PG, n. 63), dando corpo ao exercício conjunto de algumas funções pastorais para o bem dos fiéis das respectivas nações ou de um território específico (ASu, n. 12).[10]

Todo cristão é um discípulo-missionário

10. O Papa, os Bispos e os outros ministros ordenados não são os únicos evangelizadores da Igreja. Eles "sabem que não foram instituídos por Cristo a fim de assumirem sozinhos toda a missão salvífica da Igreja no mundo" (LG, n. 30). Todo cristão, em virtude do Batismo, é discípulo-missionário "na medida em que se encontrou com o amor de Deus em Cristo Jesus" (EG, n. 120). Não pode ser ignorado na atualização da Cúria, cuja reforma, portanto, deve prever o envolvimento de

---

[10] Cf. SÃO JOÃO PAULO II. Carta apostólica em forma de *Motu Proprio Apostolos Suos*, 21 de maio de 1998.

leigos e leigas, mesmo em funções de governo e responsabilidade. A sua presença e participação é, além disso, imprescindível, porque eles cooperam para o bem de toda a Igreja (LG, n. 30) e, pela sua vida familiar, pelo conhecimento das realidades sociais e pela sua fé que os leva a descobrir os caminhos de Deus no mundo, podem dar contribuições válidas, sobretudo no que diz respeito à promoção da família e ao respeito dos valores da vida e da criação, do Evangelho como fermento das realidades temporais e do discernimento dos sinais dos tempos.

Significado da reforma

11. A reforma da Cúria Romana será real e possível se brotar de uma reforma interior, com a qual fazemos nosso "paradigma da espiritualidade do Concílio", expresso pela "antiga história do Bom Samaritano",[11] daquele homem que se desvia de seu caminho para se aproximar de um homem meio morto que não pertence a seu povo e que ele nem conhece. Trata-se aqui de uma espiritualidade que tem a própria fonte no amor de Deus, que nos amou primeiro, quando ainda éramos pobres e pecadores, e que nos recorda que o nosso dever

---

[11] Cf. SÃO PAULO VI. Discurso na última sessão pública do Concílio Vaticano II. In: SANTA SÉ. *Concílio Ecumênico Vaticano II*: Documentos. Brasília: Edições CNBB, 2018, p. 885-897.

é servir como Cristo nossos irmãos, especialmente os mais necessitados, e que o rosto de Cristo seja reconhecido no rosto de cada ser humano, especialmente do homem e da mulher que sofrem (cf. Mt 25,40).

12. Deve, portanto, ficar claro que "a reforma não é um fim em si mesma, mas um meio para dar um forte testemunho cristão; promover uma evangelização mais eficaz; promover um espírito ecumênico mais fecundo; encorajar um diálogo mais construtivo com todos. A reforma, fortemente desejada pela maioria dos Cardeais no âmbito das Congregações Gerais antes do Conclave, deverá aperfeiçoar ainda mais a identidade da própria Cúria Romana, ou seja, a de coadjuvar o Sucessor de Pedro no exercício do seu Supremo Ofício pastoral para o bem e o serviço da Igreja universal e das Igrejas particulares. Exercício com o qual se fortalecem a unidade de fé e a comunhão do povo de Deus, e se promove a missão própria da Igreja no mundo. Certamente atingir tal objetivo não é fácil: leva tempo, determinação e, sobretudo, a colaboração de todos. Mas, para isso, devemos antes de tudo confiar-nos ao Espírito Santo, que é o verdadeiro guia da Igreja, rezando pelo dom do discernimento autêntico".[12]

---

[12] Cf. FRANCISCO. *Saudação do Papa Francisco aos Cardeais reunidos para o Consistório (Discursos)*. Sala do Sínodo, 12 de fevereiro de 2015.

Capítulo II
PRINCÍPIOS E CRITÉRIOS PARA O SERVIÇO DA CÚRIA ROMANA

Para tornar possível e eficaz a missão pastoral do Romano Pontífice recebida de Cristo Senhor e Pastor, na sua solicitude por toda a Igreja (cf. Jo 21,51ss), e manter e cultivar a relação entre o ministério petrino e o ministério de todos os Bispos, o Papa, o Romano Pontífice, no exercício do seu "poder supremo, pleno e imediato sobre a Igreja universal, vale-se dos Dicastérios da Cúria Romana, que, por isso, em nome e por autoridade dele, exercem seu ofício para o bem das Igrejas e a serviço dos Sagrados Pastores" (CD, n. 9). Desse modo, a Cúria está a serviço do Papa e dos Bispos que, "com o sucessor de Pedro, Vigário de Cristo e Cabeça de toda a Igreja visível, regem a casa do Deus vivo" (LG, n. 18). A Cúria exerce esse serviço aos Bispos nas suas Igrejas particulares, no respeito da responsabilidade que lhes é devida como sucessores dos Apóstolos.

1. Serviço à missão do Papa. A Cúria Romana é, em primeiro lugar, um instrumento de serviço ao sucessor de Pedro para ajudá-lo na sua missão como "o perpétuo e visível princípio e fundamento de unidade, quer dos bispos, quer da multidão dos fiéis" (LG, n. 23), para a utilidade também dos Bispos, das Igrejas particulares, das Conferências Episcopais e das suas uniões regionais e continentais, das Estruturas hierárquicas orientais e de outras instituições e comunidades na Igreja.

2. Corresponsabilidade na *communio*. Essa reforma propõe, no espírito de uma "salutar 'descentralização'" (EG, n. 16), deixar à competência dos Pastores a faculdade de resolver, no exercício do "próprio múnus magisterial" e de pastores (DV, n. 7),[1] as questões que conhecem bem (EG, n. 31-32) e que não afetam a unidade de doutrina, de disciplina e de comunhão da Igreja, agindo sempre com aquela corresponsabilidade que é fruto e expressão daquele específico *mysterium communionis* que é a Igreja (LG, n. 8).

3. Serviço à missão dos Bispos. No âmbito da colaboração com os Bispos, o serviço que a Cúria lhes oferece consiste, em primeiro lugar, em reconhecer e apoiar o trabalho que realizam ao Evangelho e à Igreja, aconselhando tempestivamente, favorecendo a

---

[1] Cf. CONCÍLIO VATICANO II. Constituição Dogmática *Dei Verbum*: sobre a Divina Revelação. In: SANTA SÉ. *Concílio Ecumênico Vaticano II*: Documentos. Brasília: Edições CNBB, 2018, p. 175-198.

conversão pastoral que eles promovem, no apoio solidário às suas iniciativas evangelizadoras e à sua opção pastoral preferencial pelos pobres, pela proteção dos menores e das pessoas vulneráveis e para toda contribuição em favor da família humana, da unidade e da paz; em suma, às suas iniciativas, para que os povos tenham vida abundante em Cristo. Esse serviço da Cúria à missão dos Bispos e à *communio* se propõe, também mediante o cumprimento com espírito fraterno, a realizar tarefas de vigilância, apoio e incremento da comunhão recíproca, afetiva e efetiva do Sucessor de Pedro com os Bispos.

4. Apoio às Igrejas particulares e às suas Conferências Episcopais e Estruturas hierárquicas orientais. A Igreja Católica abrange uma infinidade de povos, línguas e culturas no mundo e, portanto, tem a sua disposição um grande tesouro de experiências efetivas de evangelização, que não podem ser perdidas. A Cúria Romana, a seu serviço para o bem de toda a *communio*, é capaz de recolher e elaborar, a partir da presença da Igreja no mundo, a riqueza de tais conhecimentos e experiências das melhores iniciativas e propostas criativas para a evangelização de cada Igreja particular, das Conferências Episcopais e das Estruturas hierárquicas orientais, e a maneira de agir diante de problemas e desafios, com propostas criativas. Recolhendo essas experiências da Igreja na sua universalidade, delas faz participar, como apoio, as Igrejas particulares, as Conferências Episcopais e as Estruturas hierárquicas orientais. Para esse tipo de intercâmbio e diálogo, as visitas *ad limina Apostolorum* e os relatórios apresentados pelos Bispos sobre elas representam uma ferramenta importante.

5. Natureza vigária da Cúria Romana. Cada Instituição curial cumpre sua missão em virtude do poder recebido do Romano Pontífice, em cujo nome opera com poder vigário no exercício do seu *munus* primacial. Por essa razão, qualquer fiel pode presidir um Dicastério ou um Organismo, dada a particular competência, o poder de governo e a função desses últimos.

6. Espiritualidade. A Cúria Romana contribui para a comunhão da Igreja com o Senhor somente cultivando a relação de todos os seus membros com Cristo Jesus, consumindo-se com ardor interior, em favor dos desígnios de Deus e dos dons que o Espírito Santo concede à sua Igreja, e trabalhando em favor da vocação de todos os batizados à santidade. É, portanto, necessário que, em todas as Instituições curiais, o serviço à Igreja-mistério permaneça unido à experiência da aliança com Deus, manifestada pela oração comum, pela renovação espiritual e pela periódica celebração comum da Eucaristia. Do mesmo modo, a partir do encontro com

Jesus Cristo, os membros da Cúria cumprem sua tarefa com a alegre consciência de serem discípulos-missionários a serviço de todo o povo de Deus.

7. Integridade pessoal e profissionalismo. O rosto de Cristo se reflete na variedade dos rostos dos seus discípulos que, com seus carismas, estão a serviço da missão da Igreja. Por isso, os que servem na Cúria são escolhidos entre Bispos, presbíteros, diáconos, membros dos Institutos de Vida Consagrada e das Sociedades de Vida Apostólica e leigos, que se distinguem pela vida espiritual, boa experiência pastoral, sobriedade de vida e amor aos pobres, espírito de comunhão e de serviço, competência nos assuntos que lhes são confiados, capacidade de discernir os sinais dos tempos. Por isso, é necessário dedicar uma atenção cuidadosa à seleção e formação do pessoal, bem como à organização do trabalho e ao crescimento pessoal e profissional de cada um.

8. Colaboração entre os Dicastérios. A comunhão e a participação devem ser traços distintivos do trabalho interno da Cúria e de cada uma das suas Instituições. A Cúria Romana deve estar cada vez mais a serviço da comunhão de vida e da unidade operativa em torno dos Pastores da Igreja universal. Por isso, os chefes dos Dicastérios reúnem-se periodicamente com o Romano Pontífice, individualmente e em reuniões conjuntas. Reuniões regulares promovem a transparência e uma ação harmonizada para discutir os planos de trabalho dos Dicastérios e sua aplicação.

9. Reuniões interdicasteriais e intradicasteriais. Nos encontros interdicasteriais, que expressam a comunhão e a colaboração existente na Cúria, são abordados os temas que envolvem vários Dicastérios. A tarefa de convocar tais reuniões pertence à Secretaria de Estado, uma vez que desempenha a função de Secretaria Papal. A comunhão e a colaboração também se manifestam pelas reuniões periódicas apropriadas dos membros de um Dicastério: plenários, conselhos e congressos. Esse espírito deve animar igualmente os encontros dos Bispos com os Dicastérios, tanto individual como coletivamente, como por ocasião das visitas *ad limina Apostolorum*.

10. Expressão de catolicidade. A catolicidade da Igreja deve refletir-se na escolha dos Cardeais, dos Bispos e dos outros colaboradores. Todos os convidados a servir na Cúria Romana são um sinal de comunhão e solidariedade com o Romano Pontífice por parte dos Bispos e Superiores dos Institutos de Vida Consagrada e das Sociedades de Vida Apostólica, que colocam à disposição da Cúria Romana colaboradores qualificados provenientes das diferentes culturas.

11. Redução de Dicastérios. Fez-se necessário reduzir o número de Dicastérios, unindo aqueles cuja finalidade era muito semelhante ou complementar, e racionalizar as suas funções com o objetivo de evitar sobreposições de competências e tornar o trabalho mais eficaz.

12. A Reforma, como desejava Paulo VI, pretende, em primeiro lugar, fazer com que, na própria Cúria e em toda a Igreja, a centelha da caridade divina possa chegar "aos princípios, às doutrinas e aos propósitos que o Concílio predispôs, e que, assim inflamados de caridade, possam de fato operar na Igreja e no mundo aquela renovação de pensamentos, de atividades, de costumes, de força moral, de alegria e de esperança, que foi o fim do Concílio".[2]

---

[2] SÃO PAULO VI. Homilia no encerramento do Concílio Vaticano II. In: SANTA SÉ. *Concílio Ecumênico Vaticano II*: Documentos. Brasília: Edições CNBB, 2018, p. 917-922.

Capítulo III

NORMAS GERAIS

Noção de Cúria Romana

Art. 1 A Cúria Romana é a instituição da qual o Romano Pontífice se utiliza ordinariamente no exercício do seu supremo ofício pastoral e da sua missão universal no mundo. Ela está a serviço do Papa, sucessor de Pedro, e dos Bispos, sucessores dos Apóstolos, segundo as modalidades que são próprias da natureza de cada um, cumprindo a própria função com espírito evangélico, trabalhando para o bem e a serviço da comunhão, da unidade e da edificação da Igreja universal e atendendo às exigências do mundo em que a Igreja é chamada a cumprir a sua missão.

Natureza pastoral das atividades curiais

Art. 2 Visto que todos os membros do Povo de Deus, cada um segundo a sua condição, participam na missão da Igreja, os que servem na Cúria Romana cooperam nela de forma proporcional ao conhecimento e à competência de que gozam, assim como à experiência pastoral.

Art. 3 O pessoal que trabalha junto à Cúria Romana e em outras Instituições coligadas com a Santa Sé realiza um serviço pastoral em apoio à missão do Romano Pontífice e dos Bispos, em suas respectivas responsabilidades para com a Igreja universal. Esse serviço deve ser animado e realizado com o maior sentido de colaboração, corresponsabilidade e respeito pela competência dos outros.

Art. 4 A natureza pastoral do serviço curial é alimentada e enriquecida por uma espiritualidade particular, fundada na relação de interioridade recíproca que existe entre a Igreja universal e a Igreja particular.

Art. 5 A originalidade própria do serviço pastoral da Cúria Romana exige que cada um perceba a sua vocação à vida exemplar diante da Igreja e do mundo. Isso implica para todos o exigente dever de ser discípulos-missionários, dando exemplo de dedicação, espírito de piedade, de acolhimento e de serviço a quantos a ela se dirigem.

Art. 6 Juntamente com o serviço prestado na Cúria Romana, sempre que possível e sem prejuízo do seu ofício, os clérigos dediquem-se também à cura das almas, assim como os membros dos Institutos de Vida Consagrada e das Sociedades de Vida Apostólica, e os leigos colaboram nas atividades pastorais das próprias comunidades ou de outras realidades eclesiais, de acordo com as capacidades e possibilidades de cada um.

Princípios operacionais da Cúria Romana

Art. 7 § 1º Para o bom funcionamento de cada um dos componentes da Cúria Romana, é indispensável que, além de dedicação e retidão, sejam qualificados os que nela trabalham. Isso implica profissionalismo, ou seja, competência e habilidade na matéria em que se é chamado a prestar a própria atividade. Ele se forma e se adquire com o tempo, mediante experiência, estudo, atualização; no entanto, é necessário que, desde o início, se verifique a preparação adequada a esse respeito.

§ 2º Os diferentes componentes da Cúria Romana, cada um por sua natureza e competência, providenciem uma formação permanente do próprio pessoal.

Art. 8 § 1º A atividade de cada um dos componentes da Cúria Romana deve sempre ser inspirada em critérios de racionalidade e funcionalidade, respondendo às situações que vão surgindo no tempo e adaptando-se às necessidades da Igreja universal e das Igrejas particulares.

§ 2º A funcionalidade, destinada a oferecer o melhor e mais eficaz serviço, exige que, aqueles que prestam serviço na Cúria Romana, estejam sempre prontos a desempenhar seu trabalho segundo as necessidades.

Art. 9 § 1º Cada Dicastério, Organismo ou Ofício, no cumprimento do seu serviço particular, é chamado, pela própria razão da missão em que participa, a cumpri-lo convergindo com os outros Dicastérios, Organismos ou Ofícios, em uma dinâmica de colaboração mútua, cada um de acordo com sua competência, em constante interdependência e interligação das atividades.

§ 2º Essa convergência também é realizada dentro de cada Dicastério, Órgão ou Ofício, com todos cumprindo seu papel, de modo que a diligência de cada um favoreça um funcionamento disciplinado e eficaz, além das diferenças culturais, linguísticas e nacionais.

§ 3º O disposto nos §§ 1º e 2º também se refere à Secretaria de Estado, com a especificidade que lhe é própria na qualidade de Secretaria Papal.

Art. 10 Cada Dicastério, Organismo ou Ofício, no exercício de suas atividades, faz uso de modo regular e fiel dos órgãos previstos nesta Constituição Apostólica, como o Congresso, as sessões ordinárias e as plenárias. Reuniões de Chefes de Dicastérios e Interdicasteriais também devem ser realizadas regularmente.

Art. 11 O Ofício do Trabalho da Sé Apostólica trata de tudo o que diz respeito às prestações de trabalho do pessoal contratado pela Cúria Romana e às questões conexas, de acordo com sua própria competência, para proteger e promover os direitos dos colaboradores, de acordo com os princípios da Doutrina Social da Igreja.

Estrutura da Cúria Romana

Art. 12 § 1º A Cúria Romana é composta pela Secretaria de Estado, pelos Dicastérios e pelos Organismos, todos juridicamente iguais entre si.

§ 2º O termo "Instituições curiais" significa as unidades da Cúria Romana mencionadas no § 1º.

§ 3º A Prefeitura da Casa Pontifícia, o Ofício das Celebrações Litúrgicas do Sumo Pontífice e o Camerlengo da Santa Igreja Romana são Ofícios da Cúria Romana.

Art. 13 § 1º Cada Instituição curial é composta por um Prefeito, ou equivalente, por um número adequado de membros, por um ou mais Secretários que coadjuvam o Prefeito, em conjunto, mas em linha subordinada, com um ou mais Subsecretários, ladeados pelos vários Oficiais e Consultores.

§ 2º Por sua natureza particular ou por lei especial, a Instituição curial pode ter estrutura diversa da estabelecida no § 1º.

Art. 14 § 1º A Instituição curial é regida pelo Prefeito, ou equivalente, que a dirige e representa.

§ 2º O Secretário, com a colaboração do Subsecretário ou Subsecretários, auxilia o Prefeito no trato dos assuntos da Instituição curial e na direção do pessoal.

§ 3º Os Oficiais, vindos o mais longe possível de diversas regiões do mundo para que a Cúria Romana reflita a universalidade da Igreja, são recrutados entre clérigos, membros dos Institutos de Vida Consagrada e das Sociedades de Vida Apostólica e leigos, que se distinguem pela devida experiência, ciência confirmada por adequados títulos de estudo, virtude e prudência. Sejam escolhidos segundo critérios objetivos e de transparência e possuam um número adequado de anos de experiência nas atividades pastorais.

§ 4º Deve ser, de modo apropriado, verificada a idoneidade dos candidatos a Oficiais.

§ 5º Na escolha dos clérigos na qualidade de Oficiais, procure-se, na medida do possível, um equilíbrio adequado entre diocesanos/eparquiais e membros dos Institutos de Vida Consagrada e das Sociedades de Vida Apostólica.

Art. 15 Os membros das Instituições curiais são nomeados entre os Cardeais residentes tanto na *Urbe* como fora dela, aos quais se juntam, como particularmente especialistas nas matérias em causa, alguns Bispos, especialmente diocesanos/eparquiais, bem como, segundo a natureza do Dicastério, alguns sacerdotes e diáconos, alguns membros dos Institutos de Vida Consagrada e das Sociedades de Vida Apostólica e alguns fiéis leigos.

Art. 16 Os Consultores das Instituições curiais e dos Ofícios são nomeados entre os fiéis que se destacam por seu conhecimento, por sua comprovada capacidade e prudência. A identificação e a escolha dos mesmos devem respeitar, tanto quanto possível, o critério de universalidade.

Art. 17 § 1º O Prefeito ou equiparado, os membros, o Secretário, o Subsecretário e os demais Oficiais Maiores indicados para Chefes de Ofício, equiparados e especialistas, bem como os Consultores, são nomeados pelo Romano Pontífice para um quinquênio.

§ 2º O Prefeito e o Secretário, tendo atingido a idade prevista no Regulamento Geral da Cúria Romana, devem apresentar sua renúncia ao Romano Pontífice, que, tudo ponderado, tomará providências sobre o assunto.

§ 3º A partir dos oitenta anos, os membros perdem o cargo. No entanto, os que pertençam a uma das

Instituições curiais por motivo de outro cargo, perdendo-o, também deixam de ser membros.

§ 4º Em regra, depois de um quinquênio, os Oficiais clérigos e os membros dos Institutos de Vida Consagrada e das Sociedades de Vida Apostólica que tenham servido nas Instituições curiais e nos Ofícios voltam à pastoral na sua Diocese/Eparquia, ou nos Institutos ou Sociedade de pertença. Se os Superiores da Cúria Romana considerarem oportuno, o serviço pode ser prorrogado para outro período de cinco anos.

Art. 18 § 1º Em caso de vacância da Sé Apostólica, todos os Chefes das Instituições curiais e os membros perdem seus cargos. As exceções são o Penitenciário-Mor – que continua a desempenhar os assuntos ordinários de sua competência, propondo ao Colégio dos Cardeais aqueles que ele reportaria ao Romano Pontífice – e o Esmoler de Sua Santidade – que continua no exercício das obras de caridade, segundo os mesmos critérios utilizados durante o pontificado, permanecendo sob a autoridade do Colégio dos Cardeais, até a eleição do novo Romano Pontífice.

§ 2º Durante a Sé vacante, os Secretários se ocupam do governo ordinário das Instituições curiais, cuidando apenas dos assuntos da administração ordinária. No prazo de três meses após a eleição do Romano Pontífice, devem ser por ele confirmados em seu ofício.

§ 3º O Mestre das Celebrações Litúrgicas Pontifícias assume os deveres previstos nas normas relativas à vacância da Sé Apostólica e à eleição do Romano Pontífice.

Art. 19 Cada uma das Instituições curiais e Ofícios dispõe de um arquivo próprio atual, no qual os documentos recebidos e as cópias dos enviados são registrados e conservados com ordem, segurança e segundo critérios adequados.

Competência e procedimento das Instituições curiais

Art. 20 A competência das Instituições curiais é ordinariamente determinada em razão da matéria. É possível, no entanto, que as competências também possam ser estabelecidas por outros motivos.

Art. 21 Cada uma das Instituições curiais, no âmbito da sua competência:

1. trata de assuntos que, por sua natureza ou por disposição legal, são reservados à Sé Apostólica;

2. trata dos assuntos atribuídos pelo Romano Pontífice;

3. examina questões e problemas que ultrapassam a esfera de competência de cada Bispo

diocesano/eparquial ou de órgãos episcopais (Conferências ou Estruturas hierárquicas orientais);

4. estuda os problemas mais graves do tempo presente, com o objetivo de promover a ação pastoral da Igreja de maneira mais adequada, coordenada e eficaz, sempre de acordo e respeitando as competências das Igrejas particulares, das Conferências Episcopais, das suas Uniões regionais e continentais e das Estruturas hierárquicas orientais;

5. promove, favorece e promove iniciativas e propostas para o bem da Igreja universal;

6. examina e, se necessário, decide as questões que os fiéis, no exercício do seu direito, remetem diretamente à Sé Apostólica.

Art. 22 Quaisquer conflitos de competência entre os Dicastérios e entre esses e a Secretaria de Estado devem ser submetidos ao Supremo Tribunal da Assinatura Apostólica, salvo disposição em contrário do Romano Pontífice.

Art. 23 Cada uma das Instituições da Cúria trata das questões da sua competência, segundo a norma do direito universal e o direito próprio da Cúria Romana, e também segundo os seus próprios regulamentos, aplicando sempre o direito com equidade canônica, tendo em conta e atenção a justiça, para o bem da Igreja e para a salvação das almas.

Art. 24 Os Chefes das Instituições curiais ou, em seu lugar, os Secretários são recebidos pessoalmente pelo Romano Pontífice, na forma por ele estabelecida, a fim de informar regularmente e com frequência sobre assuntos atuais, atividades e programas.

Art. 25 Cabe ao Chefe do Dicastério, salvo disposição em contrário para os Dicastérios individualmente, reunir o Congresso, composto pelo mesmo, pelo Secretário, pelo Subsecretário e, juízo do Chefe do Dicastério, por todos ou parte do Oficiais:

1. para examinar questões concretas e identificar a resolução com decisão imediata, ou propondo submetê-las à sessão ordinária ou plenária, ou a uma reunião interdicasterial, ou de apresentá-las ao Romano Pontífice;

2. para atribuir aos Consultores ou outros especialistas as questões que requeiram um estudo particular;

3. para examinar os pedidos de faculdades e rescritos, segundo as competências do Dicastério.

Art. 26 § 1º Os membros dos Dicastérios reúnem-se em sessões ordinárias e plenárias.

§ 2º Para as sessões ordinárias, relativas a assuntos costumeiros ou frequentes, basta a convocação dos membros do Dicastério residentes na *Urbe*.

§ 3º Todos os membros do Dicastério são convocados à sessão plenária. Celebre-se de dois em dois anos, salvo se o *Ordo Servandus* do Dicastério determine um prazo mais longo, e sempre depois de informado o Romano Pontífice. A sessão plenária está reservada para os assuntos e as questões de maior importância, que resultam tais pela própria natureza do Dicastério. Deve também ser convocada convenientemente para assuntos de princípio geral e para aqueles que o Chefe do Dicastério julgar necessário tratar de tal modo.

§ 4º Na programação dos trabalhos das sessões, especialmente as plenárias que requeiram a presença de todos os membros, procure-se racionalizar os movimentos, utilizando também videoconferências e outros meios de comunicação suficientemente sigilosos e seguros, que permitam um efetivo trabalho comum, independentemente da efetiva presença física no mesmo local.

§ 5º O Secretário participa de todas as sessões com direito a voto.

Art. 27 § 1º Cabe aos Consultores, e aos seus equiparados, estudar a questão confiada e dar sobre o assunto, geralmente por escrito, o parecer.

§ 2º Quando considerar necessário e de acordo com a natureza específica do Dicastério, os Consultores – todos ou parte deles, dadas suas competências específicas – podem ser convocados coletivamente para examinar questões particulares e dar o seu parecer.

§ 3º Em casos particulares, também podem ser chamados para aconselhamento pessoas não incluídas entre os Consultores, que se destaquem por sua competência e experiência particular na matéria a ser tratada.

Art. 28 § 1º Os assuntos de competência mista, isto é, de vários Dicastérios, são examinados conjuntamente pelos Dicastérios envolvidos.

§ 2º O Chefe do Dicastério, a quem a questão foi primeiramente encaminhada, convoca a reunião *ex officio* ou a pedido do outro Dicastério envolvido, para comparar os vários pontos de vista e tomar uma resolução.

§ 3º Se o assunto o exigir, a matéria em questão deve ser submetida à sessão plenária conjunta dos Dicastérios envolvidos.

§ 4º A reunião é presidida pelo Chefe do Dicastério que a convocou, ou pelo Secretário, se apenas estiverem presentes os Secretários.

§ 5º Para tratar dos assuntos de competência mista que requeiram consulta mútua e frequente, quando julgar necessário, o Chefe do Dicastério que primeiro começou a tratar ou a quem o assunto foi encaminhado pela primeira vez, mediante aprovação do Romano Pontífice, estabelece uma comissão especial interdicasterial.

Art. 29 § 1º A Instituição curial que elaborar um documento geral, antes de submetê-lo ao Romano Pontífice, transmita o texto às outras Instituições curiais envolvidas. Receba eventuais observações, emendas e sugestões, a fim de aperfeiçoar tal documento, para que, comparando as diferentes perspectivas e avaliações, obtenha uma aplicação mais concorde.

§ 2º Os documentos ou declarações sobre assuntos referentes às relações com os Estados e com outros sujeitos de direito internacional exigem autorização prévia da Secretaria de Estado.

Art. 30 A Instituição curial não pode emitir leis ou decretos gerais com força de lei, nem derrogar as prescrições do direito universal em vigor, salvo em casos únicos e particulares e aprovados de forma específica pelo Romano Pontífice.

Art. 31 § 1º É norma inderrogável que nada se faça em relação a assuntos importantes ou extraordinários antes que o Chefe de uma Instituição curial o tenha comunicado ao Romano Pontífice.

§ 2º As decisões e resoluções sobre assuntos de maior importância devem ser submetidas à aprovação do Romano Pontífice, com exceção das decisões para as quais tenham sido atribuídas faculdades especiais à Instituição curial e das sentenças do Tribunal da Rota Romana e do Supremo Tribunal da Assinatura Apostólica, emitidas dentro dos limites de sua própria competência.

§ 3º Quanto às faculdades especiais outorgadas a cada Instituição curial, o Prefeito ou equivalente é obrigado a verificar e avaliar periodicamente com o Romano Pontífice a sua eficácia, a praticabilidade, a atribuição no âmbito da Cúria Romana e a oportunidade para a Igreja Universal.

Art. 32 § 1º Os recursos hierárquicos são recebidos, examinados e decididos, na forma da lei, pelas Instituições curiais competentes para a matéria. Em caso de dúvida sobre a determinação da competência, o Supremo Tribunal da Assinatura Apostólica resolve a questão.

§ 2º As questões que devam ser tratadas judicialmente são deixadas aos Tribunais competentes.

Art. 33 As Instituições curiais colaboram, segundo as respectivas competências específicas, na atividade da Secretaria-Geral do Sínodo, atendendo ao disposto na legislação específica do próprio Sínodo, que colabora efetivamente com o Romano Pontífice, segundo os métodos estabelecidos pelo mesmo ou a ser estabelecido, nas questões de maior importância, para o bem de toda a Igreja.

Reunião dos Chefes das Instituições curiais

Art. 34 § 1º A fim de promover maior coerência e transparência no trabalho da Cúria, por ordem do Romano Pontífice, os Chefes das Instituições curiais são convocados regularmente para discutir conjuntamente os planos de trabalho de cada Instituição e sua aplicação; coordenar o trabalho conjunto; dar e receber informações e examinar assuntos de maior importância; oferecer opiniões e sugestões; tomar decisões a propor ao Romano Pontífice.

§ 2º As reuniões são convocadas e coordenadas pelo Secretário de Estado de acordo com o Romano Pontífice.

Art. 35 Se o Romano Pontífice julgar oportuno, os assuntos mais importantes de caráter geral, já objeto de discussão na reunião dos Chefes das Instituições curiais, também podem ser tratados pelos Cardeais reunidos em Consistório, de acordo com a própria lei.

A Cúria Romana a serviço das Igrejas particulares

Art. 36 § 1º As Instituições curiais devem colaborar nas questões mais importantes com as Igrejas particulares, as Conferências Episcopais, suas Uniões regionais e continentais e as Estruturas hierárquicas orientais.

§ 2º Quando a questão o exigir, sejam preparados documentos de caráter geral de considerável importância ou que digam respeito de modo especial a algumas Igrejas particulares, levando em conta o parecer das Conferências Episcopais, das Uniões Regionais e Continentais e das Estruturas hierárquicas orientais envolvidas.

§ 3º As Instituições curiais acusem com celeridade a recepção dos pedidos que lhes forem apresentados pelas Igrejas particulares, examinem-nos com diligência e solicitude e deem uma resposta adequada com a maior brevidade possível.

Art. 37 No que diz respeito aos assuntos relativos às Igrejas particulares, as Instituições curiais consultem os Representantes Pontifícios que aí exercem a sua função e não deixem de notificá-los, bem como às Conferências Episcopais e às Estruturas hierárquicas orientais das decisões tomadas.

Visitas *ad limina Apostolorum*

Art. 38 De acordo com a Tradição e com as disposições da lei canônica, os Pastores de cada Igreja particular fazem a visita *ad limina Apostolorum* nos tempos estabelecidos.

Art. 39 Essa visita tem uma importância particular para a unidade e a comunhão na vida da Igreja, enquanto constitui o momento mais alto das relações dos Pastores de cada Igreja particular e de cada Conferência Episcopal e de cada Estrutura hierárquica oriental com o Bispo de Roma. Ele, de fato, recebendo os seus irmãos no episcopado, trata com eles as coisas concernentes ao bem das Igrejas e à função pastoral dos Bispos, confirma-lhes e sustenta-lhes na fé e na caridade. Dessa forma, fortalecem-se os laços da comunhão hierárquica e realça-se tanto a catolicidade da Igreja como a unidade do Colégio Episcopal.

Art. 40 § 1º Os Pastores de cada Igreja particular, chamados a participar da visita, devem prepará-la com cuidado e diligência, apresentando à Sé Apostólica, nos prazos por ela indicados, um relatório circunstanciado sobre o estado da Diocese/Eparquia que lhes foi confiada, incluindo um relatório sobre a situação financeira e patrimonial.

§ 2º O relatório, conciliando a brevidade com a clareza, se caracterize pela precisão e concretude na descrição da real condição da Igreja particular. Deve conter também uma avaliação do apoio obtido pelas Instituições curiais e expressar as expectativas em relação à própria Cúria quanto ao trabalho a ser realizado em colaboração.

§ 3º Para facilitar os colóquios, os Pastores das Igrejas particulares anexem ao relatório detalhado um texto resumido sobre os principais temas.

Art. 41 A visita divide-se em três momentos principais: a peregrinação aos túmulos dos Príncipes dos Apóstolos, o encontro com o Romano Pontífice e os colóquios nos Dicastérios e nos Organismos de Justiça da Cúria Romana.

Art. 42 § 1º Os Prefeitos, ou equiparados, e os respectivos Secretários dos Dicastérios e dos Organismos de Justiça preparem-se diligentemente para o encontro com os Pastores das Igrejas particulares, das Conferências Episcopais e das Estruturas hierárquicas orientais, examinando atentamente os relatórios enviados por eles.

§ 2º No encontro com os Pastores, mencionado no § 1º, os Prefeitos, ou equiparados, e os respectivos Secretários dos Dicastérios e dos Organismos de Justiça, por meio de um diálogo franco e cordial, lhes aconselhem, encorajem e ofereçam sugestões e indicações oportunas, com a finalidade de contribuir para o bem, para o desenvolvimento de toda a Igreja e para a observância da disciplina comum, recolhendo e considerando as mesmas sugestões e indicações para oferecer um serviço cada vez mais eficaz.

Regulamentos

Art. 43 § 1º Quanto ao modo de proceder, sem prejuízo das prescrições dos Códigos vigentes, os princípios e critérios delineados na parte II e as normas estabelecidas nesta Constituição Apostólica, deve-se observar o Regulamento Geral da Cúria Romana, ou seja, o conjunto das normas comuns com as quais são estabelecidas a ordem e o modo de proceder e de tratar dos assuntos na Cúria e, onde esteja expressamente previsto, nas Instituições ligadas à Santa Sé, devidamente aprovado pelo Romano Pontífice.

§ 2º Cada Instituição curial e cada Ofício devem ter seu próprio *Ordo Servandus*, isto é, suas próprias normas, aprovadas pelo Romano Pontífice, segundo as quais tratar dos assuntos.

Capítulo IV

SECRETARIA DE ESTADO

Art. 44 A Secretaria de Estado, enquanto Secretaria Papal, assiste de perto o Romano Pontífice no exercício da sua suprema missão.

Art. 45 § 1º É governada pelo Secretário de Estado.

§ 2º Compreende três seções: a Seção de Assuntos Gerais, sob a direção do Substituto, com o auxílio do Assessor; a Seção para as Relações com os Estados e as Organizações Internacionais, sob a direção do próprio Secretário, com o auxílio do Subsecretário e de um Subsecretário para o setor multilateral; a Seção para o Pessoal de função diplomática da Santa Sé, sob a direção do Secretário para as Representações Pontifícias, com a ajuda de um Subsecretário.

Seção para os Assuntos Gerais

Art. 46 A Seção para os Assuntos Gerais é especialmente encarregada de cuidar dos negócios relativos ao serviço diário do Romano Pontífice; examinar os assuntos que devem ser tratados fora da competência ordinária das Instituições curiais e de outros Organismos da Sé Apostólica; favorecer a coordenação entre os mesmos Dicastérios e os Organismos e Ofícios, sem prejuízo da sua autonomia. Cabe a ela fazer tudo o que diz respeito aos Representantes dos Estados junto à Santa Sé.

Art. 47 A ela compete também:

1º redigir e enviar as Constituições Apostólicas, as Cartas decretais, as Cartas Apostólicas, as Epístolas e outros documentos que o Romano Pontífice lhes confiar;

2º zelar pela publicação dos atos e documentos públicos da Santa Sé no Boletim Oficial *Acta Apostolicae Sedis*;

3º dar indicações ao Dicastério para a Comunicação acerca das comunicações oficiais relativas tanto aos atos do Romano Pontífice como à atividade da Santa Sé;

4º guardar o carimbo de chumbo e o anel do Pescador.

Art. 48 Essa Seção também é responsável por:

1º cuidar do que diz respeito às reuniões periódicas dos Chefes das Instituições curiais e à implementação das disposições relativas;

2º tratar de todos os atos relativos às nomeações que sejam feitas ou aprovadas pelo

Romano Pontífice em relação ao Prefeito, ou equiparado, aos membros, ao Secretário, ao Subsecretário ou aos Subsecretários e Consultores das Instituições e Ofícios da Cúria, das Instituições coligadas com a Santa Sé ou que se referem a ela, e os do pessoal com função diplomática;

3º preparar os documentos relativos às Honorificências Pontifícias;

4º recolher, coordenar e publicar estatísticas sobre a vida da Igreja em todo o mundo.

Seção para as Relações com os Estados e as Organizações Internacionais

Art. 49 Compete à Seção para as Relações com os Estados e as Organizações Internacionais ocupar-se dos assuntos que devem ser tratados com as respectivas autoridades civis.

É responsável por:

1º cuidar das relações diplomáticas e políticas da Santa Sé com os Estados e com outros sujeitos de direito internacional e tratar dos assuntos comuns para a promoção do bem da Igreja e da sociedade civil, também mediante a estipulação de Concordatas e outros

Acordos internacionais, levando em conta o parecer dos órgãos episcopais interessados;

2º representar a Santa Sé nos Organismos Intergovernamentais Internacionais, bem como nas Conferências Intergovernamentais multilaterais, valendo-se, se necessário, da colaboração dos Dicastérios e Organismos competentes da Cúria Romana;

3º conceder o *nulla osta* sempre que um Dicastério ou Organismo da Cúria Romana pretenda publicar uma declaração ou documento relativo às relações internacionais ou às relações com as autoridades civis.

Art. 50 § 1º Em circunstâncias particulares, em nome do Romano Pontífice, essa Seção, consultados os Dicastérios competentes da Cúria Romana, faz tudo o que diz respeito à provisão das Igrejas particulares, bem como à constituição e modificação das mesmas e dos seus Organismos.

§ 2º Nos demais casos, especialmente quando vigorar o regime de concordatário, cabe a ela ocupar-se dos assuntos que devem ser tratados com os governos civis.

Art. 51 § 1º A Seção é assistida por um Conselho próprio para o tratamento de questões específicas.

§ 2º Na Seção, podem ser constituídas, se necessário, Comissões estáveis, para tratar de determinadas matérias ou questões gerais relativas aos diversos continentes e áreas geográficas particulares.

Seção para o Pessoal de função diplomática da Santa Sé

Art. 52 § 1º A Seção para o Pessoal de função diplomática da Santa Sé cuida das questões relativas às pessoas que trabalham no serviço diplomático da Santa Sé, em particular das suas condições de vida e de trabalho e da sua formação permanente. Para cumprir sua tarefa, o Secretário visita as sedes das Representações Pontifícias, convoca e preside as reuniões sobre suas provisões.

§ 2º A Seção colabora com o Presidente da Pontifícia Academia Eclesiástica, no que diz respeito à seleção e formação dos candidatos a serviço diplomático da Santa Sé e mantém contato com o pessoal diplomático aposentado.

§ 3º A Seção exerce suas funções em estreita colaboração com a Seção para os Assuntos Gerais e com a Seção para as Relações com os Estados e Organizações Internacionais, as quais, cada uma segundo suas áreas específicas, tratam também dos assuntos relativos aos Representantes Pontifícios.

Capítulo V
DICASTÉRIOS

Dicastério para a Evangelização

Art. 53 § 1º O Dicastério está a serviço da obra de evangelização para que Cristo, luz dos povos, seja conhecido e testemunhado com palavras e obras e para que seu Corpo místico, que é a Igreja, seja edificado. O Dicastério é competente para as questões fundamentais da evangelização no mundo e para a instituição, acompanhamento e apoio das novas Igrejas particulares, sem prejuízo da competência do Dicastério para as Igrejas Orientais.

§ 2º O Dicastério é constituído por duas Seções: uma para as questões fundamentais da evangelização no mundo e outra para a primeira evangelização e as novas Igrejas particulares nos territórios de sua competência.

Art. 54 O Dicastério para a Evangelização é presidido diretamente pelo Romano Pontífice. Cada uma das duas Seções é dirigida em seu nome e por sua autoridade por um Pró-Prefeito, coadjuvado de acordo com o art. 14, § 2º.

Seção para as questões fundamentais da evangelização no mundo

Art. 55 § 1º É tarefa da Seção estudar, em colaboração com as Igrejas particulares, as Conferências Episcopais e as Estruturas hierárquicas orientais, os Institutos de Vida Consagrada e as Sociedades de Vida Apostólica, as questões fundamentais da evangelização e do desenvolvimento de um anúncio eficaz do Evangelho, identificando formas, ferramentas e linguagem adequadas para isso. A Seção reúne as experiências mais significativas no campo da evangelização, colocando-as à disposição de toda a Igreja.

§ 2º A Seção encoraja a reflexão sobre a história da evangelização e da missão, especialmente em suas relações com os acontecimentos políticos, sociais e culturais que marcaram e condicionaram a pregação do Evangelho.

Art. 56 § 1º A Seção, por meio de estudos e intercâmbios de experiências, apoia as Igrejas particulares no processo de inculturação da Boa-Nova de Jesus Cristo nas diversas culturas e etnias e na sua evangelização e presta particular atenção à piedade popular.

§ 2º Ao promover e apoiar a piedade popular, cuida particularmente dos santuários internacionais. A Seção é responsável pela ereção dos santuários internacionais e pela aprovação dos respectivos Estatutos, de acordo com as disposições canônicas, e em colaboração com os Bispos diocesanos/eparquiais, as Conferências Episcopais e as Estruturas hierárquicas orientais, para assegurar a promoção de uma pastoral orgânica dos Santuários quais centros propulsores da evangelização permanente.

Art. 57 À luz dos desafios políticos, sociais e culturais, a Seção:

1º promove a evangelização por meio do discernimento dos sinais dos tempos e do estudo das condições socioeconômicas e ambientais dos destinatários do anúncio do Evangelho;

2º estuda e promove a contribuição renovadora do Evangelho no encontro com as culturas e com tudo o que diz respeito à promoção da dignidade humana e da liberdade religiosa. Em estreita colaboração com as Igrejas particulares, as Conferências Episcopais e as Estruturas hierárquicas orientais, promove e favorece a difusão e a implementação do Magistério eclesial relativo aos temas do encontro entre o Evangelho e as culturas. Como a evangelização implica uma opção fundamental pelos pobres, ela cuida do *Dia Mundial dos Pobres*;

3º assiste e apoia as iniciativas dos Bispos/ Eparcas, Conferências Episcopais e Estruturas hierárquicas orientais para anunciar o Evangelho.

Art. 58 § 1º A Seção é competente para que a catequese se ponha a serviço das Igrejas particulares no dever de anunciar o Evangelho de Jesus Cristo a quem, tendo recebido o Batismo, leva na vida cotidiana uma vida cristã, a quem, embora mostrando uma certa fé, não conhece adequadamente os seus fundamentos, a quem sente a necessidade de aprofundar mais e melhor o ensinamento recebido e a quantos abandonaram ou não a professam.

§ 2º A Seção assegura que o ensino da catequese seja ministrado de maneira adequada e que a formação catequética seja conduzida de acordo com as indicações expressas pelo Magistério da Igreja. Também é responsável por conceder a confirmação prescrita da Sé Apostólica para os catecismos e outros escritos relativos à instrução catequética, com o consenso do Dicastério para a Doutrina da Fé.

Art. 59 § 1º Porque cada membro do Povo de Deus, em virtude do Batismo que recebeu, é discípulo-missionário do Evangelho, a Seção apoia o crescimento dessa consciência e responsabilidade, para que cada um colabore eficazmente no trabalho missionário com a vida cotidiana, mediante a oração, o testemunho e as obras.

§ 2º A evangelização realiza-se em particular por intermédio do anúncio da misericórdia divina, mediante múltiplas modalidades e expressões. Para isso, contribui de modo particular a ação específica dos Missionários da Misericórdia, para os quais a Seção promove e apoia a formação e oferece critérios para a ação pastoral.

Art. 60 § 1º No contexto da evangelização, a Seção afirma e promove a liberdade religiosa em todas as esferas sociais e políticas nas situações reais do mundo. Nesse sentido, conta também com a colaboração da Secretaria de Estado.

§ 2º Como caminho para a evangelização, encoraja e apoia, em colaboração com o Dicastério para o Diálogo Inter-religioso e o Dicastério para a Cultura e a Educação, segundo as competências específicas, oportunidades de encontro e de diálogo com os membros de outras religiões e aqueles que não professam nenhuma religião.

Seção para a primeira evangelização e as novas Igrejas particulares

Art. 61 A Seção apoia o anúncio do Evangelho e o aprofundamento da vida de fé nos territórios de primeira evangelização e trata de tudo o que diz respeito tanto à ereção de Circunscrições eclesiásticas ou às suas modificações quanto à sua provisão, e executa as demais tarefas à semelhança do que o Dicastério para os Bispos realiza no âmbito da sua competência.

Art. 62 A Seção, segundo o princípio da justa autonomia, apoia as novas Igrejas particulares na obra da primeira evangelização e no seu crescimento, colaborando com as Igrejas particulares, as Conferências Episcopais, os Institutos de Vida Consagrada, as Sociedades de Vida Apostólica, as associações, os movimentos eclesiais, as novas comunidades e os Organismos de assistência eclesial.

Art. 63 A Seção colabora com Bispos, Conferências Episcopais, Institutos de Vida Consagrada e Sociedades de Vida Apostólica no despertar das vocações missionárias de clérigos, membros de Institutos de Vida Consagrada e de Sociedades de Vida Apostólica e leigos, e na formação do clero secular e dos catequistas nos territórios que estão sujeitos ao Dicastério, sem prejuízo das competências de outros Dicastérios em assuntos específicos, como: a formação institucional dos clérigos, Institutos de ensino superior, a educação e a cultura.

Art. 64 § 1º A Seção promove o intercâmbio de experiências dentro das novas Igrejas particulares e entre estas e as Igrejas erigidas há mais tempo.

§ 2º Acompanha a integração das novas Igrejas particulares, encorajando as outras a um apoio solidário e fraterno.

§ 3º Dispõe e organiza cursos de formação inicial e permanente para os Bispos e os seus equiparados, nos territórios de sua competência.

Art. 65 Para incrementar a cooperação missionária, a Seção:

1. procura acompanhar as novas Igrejas particulares rumo à autonomia econômica, ajudando a criar os seus pressupostos;

2. ajuda a estabelecer os fundos necessários para apoiar as novas Igrejas particulares e preparar o pessoal competente para sua coleta e para a cooperação com as outras Igrejas particulares;

3. promove a criação de órgãos administrativos e de controle do uso dos recursos e da qualidade dos investimentos nas novas Igrejas particulares e seus agrupamentos;

4. apoia as novas Igrejas particulares na gestão de pessoal.

Art. 66 A Seção trata de tudo o que foi estabelecido sobre os relatórios quinquenais e as visitas *ad* *limina Apostolorum* das Igrejas particulares confiadas aos seus cuidados.

Art. 67 § 1º À Seção para a primeira evangelização e as novas Igrejas particulares são confiadas as Pontifícias Obras Missionárias: a Pontifícia Obra para a Propagação da Fé, a Pontifícia Obra de São Pedro Apóstolo, a Pontifícia Obra da Infância Missionária e a Pontifícia Obra União Missionária, como instrumentos de promoção da responsabilidade missionária de cada batizado e para o apoio às novas Igrejas particulares.

§ 2º A gestão dos subsídios econômicos destinados à cooperação missionária e sua distribuição equitativa são confiadas ao Subsecretário da Seção, com o cargo de Presidente das Pontifícias Obras Missionárias.

Art. 68 Os bens destinados às missões são administrados mediante um seu especial Ofício, dirigido pelo Subsecretário da Seção, sem prejuízo da obrigação de prestar contas à Secretaria para a Economia.

Dicastério para a Doutrina da Fé

Art. 69 Tarefa do Dicastério para a Doutrina da Fé é ajudar o Romano Pontífice e os Bispos/Eparcas a proclamar o Evangelho em todo o mundo, promovendo e tutelando a integridade da doutrina católica sobre a fé e a moral, valendo-se do depósito da fé e também pesquisando uma inteligência cada vez mais profunda diante de novas questões.

Art. 70 O Dicastério é constituído por duas Seções: a Seção Doutrinal e a Seção Disciplinar, cada uma delas coordenada por um Secretário que assiste o Prefeito na área específica da sua competência.

Art. 71 A Seção Doutrinal promove e apoia o estudo e a reflexão sobre a compreensão da fé e dos costumes e sobre o desenvolvimento da teologia nas diversas culturas, à luz da doutrina correta e dos desafios dos tempos, para oferecer uma resposta, à luz da fé, às questões e argumentos que surgem com o progresso das ciências e a evolução das civilizações.

Art. 72 § 1º Sobre as medidas a serem adotadas para a tutela da fé e dos costumes, com a finalidade de preservar a sua integridade de erros de quaisquer forma divulgados, a Seção Doutrinal funciona em estreito contato com os Bispos diocesanos/eparquias, quer individualmente, quer reunidos nas Conferências Episcopais ou em Concílios particulares e nas Estruturas hierárquicas orientais, no exercício da sua missão de autênticos mestres e doutores da fé, pela qual são obrigados a salvaguardar e promover a integridade da mesma fé.

§ 2º Essa cooperação é especialmente válida no que diz respeito à autorização para o ensino de disciplinas teológicas, sobre as quais a Seção se pronuncia sobre a competência própria do Dicastério para a Cultura e a Educação.

Art. 73 Para salvaguardar a verdade da fé e a integridade dos costumes, a Seção Doutrinal:

1. examina escritos e as opiniões que parecem contrários ou prejudiciais à reta fé e à moral, busca o diálogo com os seus autores e apresenta as medidas cabíveis a serem tomadas, de acordo com as próprias normas;

2. faz o possível para que não falte uma refutação adequada dos erros e doutrinas perigosas que são difundidas entre o povo cristão.

Art. 74 Cabe à Seção Doutrinal, por meio do Ofício matrimonial, examinar tudo o que diz respeito ao *privilegium fidei*, seja em matéria de direito, seja de fato.

Art. 75 Os documentos que devem ser publicados por outros Dicastérios, Organismos e Ofícios da Cúria Romana, no que diz respeito à doutrina sobre fé e costumes, devem ser previamente submetidos ao parecer da Seção Doutrinal, que, por meio de um procedimento de comparação e compreensão, ajudará a assumir as decisões apropriadas.

Art. 76 § 1º A Seção Disciplinar, por meio do Ofício Disciplinar, ocupa-se dos crimes reservados ao Dicastério e por ele tratados na jurisdição do Supremo Tribunal Apostólico nele instituído, procedendo a declarar ou impor sanções canônicas de acordo com o direito, seja comum, seja próprio, sem prejuízo da competência da Penitenciaria Apostólica.

§ 2º Nos delitos mencionados no § 1º, a Seção, por mandato do Romano Pontífice, julgará os Padres Cardeais, os Patriarcas, os Legados da Sé Apostólica, os Bispos, bem como outras pessoas físicas em conformidade com as disposições canônicas.

§ 3º A Seção promove as oportunas iniciativas de formação que o Dicastério oferece aos Ordinários e aos operadores do direito, para favorecer a correta compreensão e aplicação das normas canônicas relativas à sua própria esfera de competência.

Art. 77 A Pontifícia Comissão Bíblica e a Comissão Teológica Internacional são instituídas no Dicastério, ambas presididas pelo Prefeito. Cada uma atua de acordo com as próprias normas aprovadas.

Art. 78 § 1º É instituída no Dicastério a Pontifícia Comissão para a Proteção dos Menores, que tem por missão aconselhar e assessorar o Romano Pontífice, bem como propor as iniciativas mais oportunas para a proteção dos menores e das pessoas vulneráveis.

§ 2º A Pontifícia Comissão assiste os Bispos diocesanos/eparquiais, as Conferências Episcopais e as Estruturas hierárquicas orientais, os Superiores dos Institutos de Vida Consagrada e das Sociedades de Vida Apostólica e suas Conferências, no desenvolvimento de estratégias e procedimentos adequados, por meio de Diretrizes, para proteger os menores e pessoas vulneráveis de abuso sexual e dar uma resposta adequada a tal conduta por parte do clero e dos membros dos Institutos de Vida Consagrada e as Sociedades de Vida Apostólica, de acordo com as normas canônicas e levando em conta as exigências do direito civil.

§ 3º Os membros da Pontifícia Comissão são nomeados pelo Romano Pontífice por cinco anos e são escolhidos entre clérigos, membros de Institutos de Vida Consagrada e de Sociedades de Vida Apostólica e leigos de várias nacionalidades, que se distinguem pela ciência, capacidade comprovada e experiência pastoral.

§ 4º A Pontifícia Comissão é presidida por um Presidente delegado e um Secretário, ambos nomeados pelo Romano Pontífice por um período de cinco anos.

§ 5º A Pontifícia Comissão tem seus próprios Oficiais e funciona segundo as próprias normas aprovadas.

Dicastério para o Serviço da Caridade

Art. 79 O Dicastério para o Serviço da Caridade, também chamado Esmolaria Apostólica, é uma expressão especial da misericórdia e, a partir da opção pelos pobres, vulneráveis e excluídos, exerce em qualquer parte do mundo a obra de assistência e de ajuda para com eles em nome do Romano Pontífice, o qual, nos casos de particular indigência ou de outra necessidade, dispõe pessoalmente as ajudas a serem destinadas.

Art. 80 O Dicastério, sob a orientação do Prefeito, Esmoler de Sua Santidade, em contato com outros Dicastérios competentes na matéria, concretiza, com a sua atividade, a solicitude e a proximidade do Romano Pontífice, como Pastor da Igreja universal, em relação àqueles que vivem em situação de indigência, de marginalização ou de pobreza, bem como por ocasião de graves calamidades.

Art. 81 § 1º Compete ao Dicastério receber, buscar e solicitar doações gratuitas destinadas às obras de caridade que o Romano Pontífice exerce para com os mais necessitados.

§ 2º O Esmoler de Sua Santidade tem também a faculdade de conceder a Bênção Apostólica mediante diplomas devidamente autenticados em papel pergaminho.

Dicastério para as Igrejas Orientais

Art. 82 § 1º O Dicastério trata dos assuntos relativos às Igrejas Católicas orientais *sui iuris*, no que diz respeito a pessoas e coisas.

§ 2º Como algumas dessas Igrejas, especialmente as antigas Igrejas patriarcais, são de antiga tradição, o Dicastério examinará de tempos em tempos, depois de consultar, se necessário, os Dicastérios interessados, quais questões em matéria relativa ao governo interno podem ser deixadas a cargo de suas autoridades superiores, em derrogação do Código dos Cânones das Igrejas Orientais.

Art. 83 § 1º São membros de direito do Dicastério: os Patriarcas, os Arcebispos Maiores das Igrejas Orientais *sui iuris* e o Prefeito do Dicastério para a Promoção da Unidade dos Cristãos.

§ 2º Na medida do possível, os Consultores e Oficiais sejam escolhidos tanto entre os fiéis de rito oriental das várias Igrejas *sui iuris* como entre os fiéis de rito latino.

Art. 84 § 1º O Dicastério é competente acerca de todos os assuntos próprios das Igrejas orientais que devam ser remetidos à Sé Apostólica, sobre: a estrutura e organização das Igrejas; o exercício das funções de ensinar, santificar e governar; as pessoas, seu estado, seus direitos e deveres. Também trata de tudo o que se estabelece em relação aos relatórios quinquenais e as visitas *ad limina Apostolorum*.

§ 2º Considerando o § 1º, permanece sempre intacta a competência específica e exclusiva dos Dicastérios para a Doutrina da Fé, das Causas dos Santos, para os Textos Legislativos, a Penitenciaria Apostólica, o Supremo Tribunal da Assinatura Apostólica e o Tribunal da Rota Romana.

§ 3º Quanto aos assuntos que dizem respeito também aos fiéis da Igreja latina, o Dicastério, se a importância do assunto o exigir, antes de proceder, deve consultar o Dicastério competente para a mesma matéria em relação aos fiéis da Igreja latina.

Art. 85 O Dicastério segue com atenção as comunidades de fiéis orientais que estão nas Circunscrições territoriais da Igreja latina. Provê suas necessidades espirituais por meio de Visitadores e também, na medida do possível, por meio de sua própria hierarquia, onde o número de fiéis e as circunstâncias o exigirem, depois de consultar o Dicastério competente para o estabelecimento de Igrejas particulares no mesmo território.

Art. 86 Nas regiões onde os ritos orientais prevaleceram desde os tempos antigos, o apostolado e a ação missionária dependem exclusivamente desse Dicastério, mesmo que sejam realizados por missionários da Igreja latina.

Art. 87 O Dicastério procede de comum acordo com o Dicastério para a Promoção da Unidade dos Cristãos nas questões que possam dizer respeito às relações com as Igrejas orientais não católicas e também com o Dicastério para o Diálogo Inter-religioso e com o Dicastério para a Cultura e a Educação na matéria que lhe diz respeito.

Dicastério para o Culto Divino e a Disciplina dos Sacramentos

Art. 88 O Dicastério para o Culto Divino e a Disciplina dos Sacramentos promove a sagrada liturgia segundo a renovação empreendida pelo Concílio Vaticano II. As esferas de sua competência dizem respeito a tudo o que, por disposição legal, pertence à Sé Apostólica quanto à regulamentação e promoção da sagrada liturgia e à vigilância para que as leis da Igreja e as normas litúrgicas sejam fielmente observadas em todos os lugares.

Art. 89 § 1º É dever do Dicastério providenciar a redação ou revisão e atualização das edições típicas dos livros litúrgicos.

§ 2º O Dicastério confirma as traduções dos livros litúrgicos nas línguas atuais e dá a *recognitio* às suas adequadas adaptações às culturas locais, legitimamente aprovadas pelas Conferências Episcopais. Dá também a *recognitio* aos calendários particulares, ao Próprio das Missas e da Liturgia das Horas das Igrejas particulares e dos Institutos de Vida Consagrada e das Sociedades de Vida Apostólica, aprovados pela autoridade competente.

§ 3º O Dicastério assiste os Bispos diocesanos e as Conferências Episcopais na promoção, com meios eficazes e adequados, da ação pastoral litúrgica, em particular no que diz respeito à celebração da Eucaristia e dos outros Sacramentos e atos litúrgicos, de modo que os fiéis dela participem cada vez mais ativamente. Juntamente com as Conferências Episcopais, encoraja a reflexão sobre possíveis formas de liturgias inculturadas e acompanha sua contextualização.

Art. 90 § 1º O Dicastério cuida da disciplina dos Sacramentos e das implicações jurídicas atinentes à sua celebração válida e lícita, bem como dos sacramentais, sem prejuízo da competência do Dicastério para a Doutrina da Fé.

§ 2º Examina e defere os pedidos de indulto e dispensa que, nesta matéria, ultrapassem as competências dos Bispos diocesanos.

Art. 91 O Dicastério promove e anima a celebração periódica dos Congressos Eucarísticos Internacionais e oferece a própria colaboração na celebração dos Congressos Eucarísticos Nacionais.

Art. 92 O Dicastério cuida das áreas relativas à vida litúrgica:

1. promovendo a formação litúrgica em vários âmbitos, inclusive por meio de conferências plurirregionais;

2. sustentando as Comissões ou Institutos criados para promover o apostolado litúrgico, a música, o canto e a arte sacra;

3. erigindo associações que promovam esses fins, de natureza internacional, ou aprovando os seus estatutos.

Art. 93 O Dicastério cuida da regulamentação e da disciplina da sagrada liturgia no que diz respeito ao uso – concedido de acordo com as normas estabelecidas – dos livros litúrgicos anteriores à reforma do Concílio Vaticano II.

Art. 94 Compete ao Dicastério a tutela do culto das relíquias sagradas, a confirmação dos Padroeiros celestes e a concessão do título de Basílica menor.

Art. 95 O Dicastério colabora com os Bispos diocesanos para que as expressões cultuais dos piedosos exercícios do povo cristão sejam incrementadas de acordo com as normas da Igreja e em harmonia com a sagrada liturgia, recordando os seus princípios e dando orientações para a sua frutuosa atuação nas Igrejas particulares.

Art. 96 O Dicastério coadjuva os Bispos no seu próprio ofício de moderadores, promotores e guardiões de toda a vida litúrgica da Igreja que lhes foi confiada, fornecendo indicações e sugestões para promover uma correta formação litúrgica, a fim de prevenir e eliminar quaisquer abusos.

Art. 97 Para desempenhar da melhor forma as suas tarefas, o Dicastério, bem como os seus membros e Consultores, conta com a colaboração e a periódica confrontação com as Comissões Episcopais para a Liturgia das várias Conferências Episcopais e com os Comitês Internacionais para as traduções de livros litúrgicos em línguas comuns a várias nações, valorizando também com atenção a contribuição em matéria litúrgica dos Institutos de Ensino Superior eclesiásticos.

Dicastério das Causas dos Santos

Art. 98 O Dicastério das Causas dos Santos trata, segundo o procedimento prescrito, tudo o que diz respeito às causas de beatificação e canonização.

Art. 99 § 1º O Dicastério dá normas especiais e assiste com conselhos e indicações os Bispos diocesanos/eparquiais, aos quais compete a instrução da causa.

§ 2º Examina os atos das causas já instruídas, verificando se o procedimento foi realizado de acordo com as normas e expressando juízo de mérito sobre as próprias causas, para submetê-las ao Romano Pontífice.

Art. 100 O Dicastério supervisiona a aplicação das regras que regem a administração do fundo dos bens das causas.

Art. 101 O Dicastério estabelece o procedimento canônico a ser seguido para verificar e declarar a autenticidade das relíquias sagradas e garantir sua conservação.

Art. 102 Cabe ao Dicastério julgar acerca da concessão do título de Doutor da Igreja a ser atribuído a um Santo, após ter obtido o voto do Dicastério para a Doutrina da Fé sobre sua eminente doutrina.

Dicastério para os Bispos

Art. 103 O Dicastério para os Bispos é responsável por tudo o que diz respeito à constituição e provisão das Igrejas particulares e ao exercício do ofício episcopal na Igreja latina, sem prejuízo da competência do Dicastério para a Evangelização.

Art. 104 Compete ao Dicastério, depois de recolhidos os elementos necessários e em colaboração com os Bispos e as Conferências Episcopais, tratar da constituição das Igrejas particulares e dos seus agrupamentos, da sua divisão, unificação, supressão e outras modificações, bem como o que diz respeito à ereção dos Ordinariatos militares e dos Ordinariatos pessoais para os fiéis anglicanos que entram na plena comunhão com a Igreja Católica, dentro dos limites territoriais de uma determinada Conferência Episcopal, depois de ouvido o Dicastério para a Doutrina da Fé e consultado a própria Conferência.

Art. 105 § 1º O Dicastério dispõe sobre tudo o que diz respeito à nomeação dos Bispos diocesanos e titulares, aos administradores apostólicos e, em geral, à provisão das Igrejas particulares. O Dicastério faz isso levando em consideração as propostas das Igrejas particulares, das Conferências Episcopais e das Representações Pontifícias e depois de consultar os membros da Presidência da respectiva Conferência Episcopal e o Metropolita. Esse processo envolve, de forma apropriada, também os membros do Povo de Deus das Dioceses interessadas.

§ 2º O Dicastério, de acordo com as Conferências Episcopais e suas Uniões regionais e continentais, indica os critérios de escolha dos candidatos. Esses critérios devem levar em conta as diferentes necessidades culturais e ser avaliados periodicamente.

§ 3º O Dicastério trata também da renúncia dos Bispos ao seu ofício, em conformidade com as disposições canônicas.

Art. 106 Sempre que, para a constituição ou a modificação de Igrejas particulares e dos seus agrupamentos, bem como para a provisão das Igrejas particulares, for necessário tratar com os governos, o Dicastério procederá somente após ter consultado a Seção da Secretaria de Estado para as Relações com os Estados e Organizações Internacionais e as Conferências Episcopais interessadas.

Art. 107 § 1º O Dicastério oferece aos Bispos toda a colaboração para o correto e fecundo exercício do ofício pastoral que lhes foi confiado.

§ 2º Nos casos em que seja necessária uma intervenção especial para o bom exercício da função episcopal de governo, se o Metropolita ou as Conferências Episcopais não puderem resolver o problema, é da responsabilidade do Dicastério, de comum acordo com os demais Dicastérios competentes, caso exija necessidade, convocar visitas fraternas ou apostólicas e, procedendo da mesma forma, avaliar os resultados e propor ao Romano Pontífice as decisões consideradas oportunas.

Art. 108 Compete ao Dicastério preparar tudo o que se refere às visitas *ad limina Apostolorum* das Igrejas particulares confiadas aos seus cuidados. Para tanto, examina os relatórios enviados pelos bispos diocesanos de acordo com o art. 40; assiste os Bispos na sua permanência na *Urbe*, organizando o encontro com o Romano Pontífice, as peregrinações às Basílicas Papais e outras conversas de forma adequada; finalmente, no final da visita, envia-lhes por escrito as conclusões, sugestões e propostas do Dicastério para as respectivas Igrejas particulares e Conferências Episcopais.

Art. 109 § 1º O Dicastério, sem prejuízo da competência do Dicastério para a Evangelização, trata da formação de novos Bispos com a ajuda de Bispos de comprovada sabedoria, prudência e experiência, bem como de especialistas provenientes de diversas áreas da Igreja universal.

§ 2º O Dicastério oferece periodicamente aos Bispos oportunidades de formação permanente e cursos de atualização.

Art. 110 O Dicastério desenvolve a sua atividade em espírito de serviço e em estreita colaboração com as Conferências Episcopais e as suas Uniões regionais e continentais. Ele trabalha para eles no que diz respeito à celebração de Concílios particulares, à constituição de Conferências Episcopais e ao reconhecimento de seus estatutos. Recebe os atos e decretos dos referidos Organismos, examina-os e, consultados os Dicastérios interessados, dá a necessária *recognitio* aos decretos. Finalmente, cumpre o estabelecido pelas disposições canônicas sobre as Províncias e Regiões eclesiásticas.

Art. 111 § 1º É instituída, junto ao Dicastério, a Pontifícia Comissão para a América Latina, cuja função é atender ao estudo das questões relativas à vida e ao desenvolvimento das referidas Igrejas particulares em auxílio dos Dicastérios interessados, em razão de sua competência, e assisti-las com o conselho e com meios econômicos.

§ 2º Compete-lhe também fomentar as relações entre as Instituições eclesiásticas internacionais e nacionais, que trabalham para as regiões da América Latina, e as Instituições curiais.

Art. 112 § 1º O Presidente da Comissão é o Prefeito do Dicastério para os Bispos, coadjuvado por um ou mais Secretários. Esses são ladeados como Conselheiros por alguns Bispos escolhidos tanto da Cúria Romana como das Igrejas da América Latina. O Secretário e os Conselheiros são nomeados pelo Romano Pontífice por cinco anos.

§ 2º Os membros da Comissão são escolhidos entre as Instituições curiais, o Conselho Episcopal

Latino-Americano, os Bispos das regiões da América Latina e as Instituições referidas no artigo precedente. São nomeados pelo Romano Pontífice por cinco anos.

§ 3º A Comissão tem seus próprios Oficiais.

Dicastério para o Clero

Art. 113 § 1º O Dicastério para o Clero trata de tudo o que se refere aos presbíteros e diáconos do clero diocesano, no que diz respeito às suas pessoas, ao seu ministério pastoral e ao que lhes é necessário para que realizem um exercício fecundo. Nessas questões, oferece aos Bispos a ajuda adequada.

§ 2º O Dicastério manifesta e realiza a solicitude da Sé Apostólica pela formação dos candidatos às Ordens Sagradas.

Art. 114 § 1º O Dicastério assiste os Bispos diocesanos para que, nas suas Igrejas, se proveja a pastoral das vocações para o ministério ordenado e, nos seminários, constituídos e dirigidos segundo as normas do direito, os alunos sejam adequadamente educados com sólida formação humana, espiritual, intelectual e pastoral.

§ 2º Na medida em que, por disposição do direito, compete à Santa Sé, o Dicastério vela para que a vida comunitária e o governo dos seminários sejam conformes às exigências da formação sacerdotal e que os Superiores e os educadores concorram, tanto quanto possível, com o exemplo e a reta doutrina para a formação da personalidade dos futuros ministros ordenados.

§ 3º Compete ao Dicastério promover tudo o que diz respeito à formação dos futuros clérigos, por meio de normas específicas, como a *Ratio Fundamentalis Institutionis Sacerdotalis* e a *Ratio Fundamentalis Institutionis Diaconorum Permanentium*, bem como outros documentos relativos à formação permanente.

§ 4º Compete ao Dicastério confirmar a *Ratio Institutionis Sacerdotalis Nationalis* emitida pelas Conferências Episcopais, bem como a ereção dos seminários interdiocesanos e seus Estatutos.

§ 5º Para garantir e melhorar a qualidade da formação sacerdotal, o Dicastério promove a construção de seminários interdiocesanos onde os seminários diocesanos não podem garantir uma formação adequada com um número suficiente de candidatos ao ministério ordenado, a devida qualidade dos formadores, professores e diretores espirituais, bem como o apoio de outras estruturas necessárias.

Art. 115 § 1º O Dicastério oferece assistência aos Bispos diocesanos e às Conferências Episcopais nas respectivas atividades governamentais, em tudo o que diz respeito à vida, à disciplina, aos direitos e deveres dos clérigos, e colabora na sua formação permanente. Também assegura que os bispos diocesanos ou as Conferências Episcopais providenciem a manutenção e a segurança social do clero, de acordo com a lei.

§ 2º É competente para apreciar administrativamente as eventuais controvérsias e recursos hierárquicos apresentados por clérigos, inclusive membros de Institutos de Vida Consagrada e Sociedades de Vida Apostólica, naquilo que concerne ao exercício do ministério, ressalvadas as prescrições do art. 28, § 1º.

§ 3º Estuda, com a ajuda dos Dicastérios competentes, os problemas decorrentes da falta de sacerdotes que, em diversas partes do mundo, por um lado, priva o povo de Deus da possibilidade de participar da Eucaristia e, por outro, faz desaparecer a estrutura sacramental da própria Igreja. Encoraja, portanto, os Bispos e as Conferências Episcopais a uma distribuição mais adequada do clero.

Art. 116 § 1º Compete ao Dicastério tratar, em conformidade com as disposições canônicas, do que diz respeito ao estado clerical enquanto tal de todos os clérigos, inclusive dos membros dos Institutos de Vida Consagrada e das Sociedades de Vida Apostólica e os diáconos permanentes, em conjunto com os competentes Dicastérios, quando as circunstâncias o exigirem.

§ 2º O Dicastério é competente para os casos de dispensa das obrigações assumidas pela ordenação ao diaconato e ao presbiterato pelos clérigos diocesanos e membros dos Institutos de Vida Consagrada e das Sociedades de Vida Apostólica, da Igreja Latina e das Igrejas Orientais.

Art. 117 O Dicastério tem competência sobre tudo o que diz respeito à Santa Sé em relação às Prelazias pessoais.

Art. 118 O Dicastério trata de assuntos da competência da Santa Sé sobre:

1. a disciplina geral relativa ao Conselho Diocesano para os assuntos econômicos, ao Conselho Presbiteral, ao Colégio dos Consultores, ao Capítulo dos Cônegos, ao Conselho Diocesano de Pastoral, às Paróquias, às Igrejas;

2. as associações dos clérigos e as associações públicas clericais; a essas últimas pode conceder a faculdade de incardinar, depois de ter consultado os Dicastérios competentes e recebido a aprovação do Romano Pontífice;

3. os arquivos eclesiásticos;

4. a extinção de pias vontades em geral e pias fundações.

Art. 119 No que diz respeito à Santa Sé, o Dicastério trata da organização dos bens eclesiásticos, em particular da sua correta administração, e concede as licenças e autorizações necessárias, sem prejuízo da competência dos Dicastérios para a Evangelização, das Igrejas Orientais e para os Institutos de Vida Consagrada e as Sociedades de Vida Apostólica.

Art. 120 Junto ao Dicastério são constituídas a Pontifícia Obra para as Vocações Sacerdotais e a Comissão Interdicasterial Permanente para a Formação às Ordens Sacras, presidida *ex officio* pelo Prefeito.

Dicastério para os Institutos de Vida Consagrada e as Sociedades de Vida Apostólica

Art. 121 Compete ao Dicastério promover, animar e regular a prática dos conselhos evangélicos, no modo como são vividos nas formas aprovadas de vida consagrada, e também no que diz respeito à vida e à atividade das Sociedades de Vida Apostólica em toda a Igreja latina.

Art. 122 § 1º Compete ao Dicastério aprovar os Institutos de Vida Consagrada e as Sociedades de Vida Apostólica, erigi-los e também conceder a licença para a validade da ereção de um Instituto de Vida Consagrada ou Sociedade de Vida Apostólica de direito diocesano por parte do Bispo.

§ 2º São também reservadas ao Dicastério as fusões, as uniões e as supressões de tais Institutos de Vida Consagrada e Sociedades de Vida Apostólica.

§ 3º Compete ao Dicastério a aprovação e a regulamentação de formas de vida consagrada novas em relação às já reconhecidas pelo direito.

§ 4º É tarefa do Dicastério erigir e suprimir as uniões, as confederações, as federações de Institutos de Vida Consagrada e Sociedades de Vida Apostólica.

Art. 123 O Dicastério trabalha para que os Institutos de Vida Consagrada e as Sociedades de Vida Apostólica progridam no seguimento de Cristo proposto pelo Evangelho, segundo o próprio carisma nascido do espírito do fundador e das sãs tradições, persigam fielmente os seus próprios propósitos e contribuam efetivamente para a edificação da Igreja e sua missão no mundo.

Art. 124 § 1º Em conformidade com as normas canônicas, o Dicastério trata das questões de competência da Sé Apostólica relativas à vida e à atividade dos Institutos de Vida Consagrada e das Sociedades de Vida Apostólica, em particular no que diz respeito:

1. à aprovação das Constituições e às suas modificações;

2. ao governo ordinário e à disciplina dos membros;

3. à incorporação e formação de membros, também por meio de normas e diretrizes específicas;

4. aos bens temporais e à sua administração;

5. ao apostolado;

6. às medidas extraordinárias de governo.

§ 2º São, também, de competência do Dicastério, na norma do direito:

1. a passagem de um membro para outra forma de vida consagrada aprovada;

2. a extensão da ausência e de exclaustração além do prazo concedido pelos Moderadores supremos;

3. o indulto de saída dos membros de votos perpétuos dos Institutos de Vida Consagrada ou das Sociedades de Vida Apostólica de direito pontifício;

4. a exclaustração imposta;

5. o exame dos recursos contra o decreto de demissão dos membros.

Art. 125 Compete ao Dicastério erigir as Conferências internacionais dos Superiores maiores, aprovar os Estatutos e vigiar que a sua atividade seja ordenada às suas finalidades próprias.

Art. 126 § 1º A vida eremítica e o *Ordo Virginum* são formas de vida consagrada e, como tal, estão sujeitas ao Dicastério.

§ 2º Compete ao Dicastério constituir associações de *Ordo Virginum* em nível internacional.

Art. 127 A competência do Dicastério estende-se também às Ordens Terceiras e às associações de fiéis erigidas com vista a tornarem-se Instituto de Vida Consagrada ou Sociedade de Vida Apostólica.

Dicastério para os Leigos, a Família e a Vida

Art. 128 § 1º O Dicastério para os Leigos, a Família e a Vida é competente para a valorização do apostolado dos fiéis leigos, a pastoral juvenil, a família e a sua missão segundo o desígnio de Deus, dos idosos e para a promoção e a tutela da vida.

§ 2º No exercício das suas próprias competências, o Dicastério mantém relações com as Igrejas particulares, com as Conferências Episcopais, as suas Uniões regionais e continentais, as Estruturas hierárquicas orientais e outros Organismos eclesiais, promovendo o intercâmbio entre elas e oferecendo a sua colaboração para que sejam promovidos os valores e as iniciativas conexas a tais matérias.

Art. 129 Ao animar e encorajar a promoção da vocação e missão dos fiéis leigos na Igreja e no mundo, o Dicastério colabora com as diversas realidades eclesiais leigas para que os fiéis leigos condividam, na pastoral e no governo da Igreja, seja as suas experiências de fé nas realidades sociais, seja as próprias competências seculares.

Art. 130 O Dicastério exprime a preocupação particular da Igreja pelos jovens, promovendo sua liderança em meio aos desafios do mundo. Apoia as iniciativas do Romano Pontífice no campo da pastoral juvenil e coloca-se a serviço das Conferências Episcopais e das Estruturas hierárquicas orientais, das associações e movimentos juvenis internacionais, favorecendo a sua colaboração e organizando encontros em nível internacional.

Art. 131 O Dicastério procura aprofundar a reflexão sobre a relação homem-mulher na sua respectiva especificidade, reciprocidade, complementaridade e igual dignidade. Ela oferece sua contribuição para a reflexão eclesial sobre a identidade e missão de mulheres e homens na Igreja e na sociedade, promovendo sua participação, valorizando as peculiaridades femininas e masculinas e também desenvolvendo modelos de papéis orientadores para as mulheres na Igreja.

Art. 132 O Dicastério estuda questões relativas à cooperação entre leigos e ministros ordenados em virtude do Batismo e a diversidade de carismas e ministérios, para fomentar em ambos a consciência da corresponsabilidade pela vida e missão da Igreja.

Art. 133 É dever do Dicastério, de acordo com os outros Dicastérios interessados, avaliar e aprovar as propostas das Conferências Episcopais relativas à criação de novos ministérios e ofícios eclesiásticos a serem confiados aos leigos, de acordo com as necessidades das Igrejas particulares.

Art. 134 No âmbito da sua competência, o Dicastério acompanha a vida e o desenvolvimento das agregações dos fiéis e dos movimentos eclesiais; reconhece ou erige de acordo com as disposições do direito canônico as que tenham caráter internacional e aprova os seus estatutos, sem prejuízo da competência da Secretaria de Estado; trata, além disso, dos apelos hierárquicos relativos à vida associativa e ao apostolado dos leigos.

Art. 135 O Dicastério promove a pastoral do matrimônio e da família com base nos ensinamentos do Magistério da Igreja. Trabalha para assegurar o reconhecimento dos direitos e deveres dos cônjuges e famílias na Igreja, na sociedade, na economia e na política. Promove encontros e eventos internacionais.

Art. 136 Em coordenação com os Dicastérios para a Evangelização e para a Cultura e Educação, o Dicastério apoia o desenvolvimento e a difusão de modelos para a transmissão da fé nas famílias e encoraja os pais a uma vida concreta de fé na vida cotidiana. Também promove modelos de inclusão na pastoral e na educação escolar.

Art. 137 § 1º O Dicastério examina, com a contribuição das Conferências Episcopais e das Estruturas hierárquicas orientais, a variedade das condições antropológicas, socioculturais e econômicas de convivência no casal e na família.

§ 2º O Dicastério estuda e aprofunda, com o apoio de especialistas, as principais causas das crises nos casamentos e nas famílias, com particular atenção às experiências das pessoas envolvidas em fracassos matrimoniais, especialmente no que diz respeito aos filhos, a fim de estimular uma maior conscientização do valor da família e do papel dos pais na sociedade e na Igreja.

§ 3º Compete ao Dicastério, em colaboração com as Conferências Episcopais e as Estruturas hierárquicas orientais, recolher e propor modelos de acompanhamento pastoral, de formação da consciência e de integração para os divorciados recasados civilmente e também para os que, em algumas culturas, vivem em situações de poligamia.

Art. 138 § 1º O Dicastério apoia as iniciativas em favor da procriação responsável, bem como para a proteção da vida humana desde a sua concepção até o seu fim natural, levando em conta as necessidades da pessoa nas várias etapas do seu desenvolvimento.

§ 2º O Dicastério promove e encoraja as organizações e associações que ajudam as famílias e as pessoas a acolher com responsabilidade e salvaguardar o dom da vida, especialmente em caso de gravidez difícil, e a prevenir o recurso ao aborto. Também apoia programas e iniciativas de Igrejas particulares, das Conferências Episcopais e das Estruturas hierárquicas orientais destinadas a ajudar as pessoas envolvidas em um aborto.

Art. 139 § 1º O Dicastério estuda os principais problemas da biomedicina e do direito relativos à vida humana, em diálogo, com base no Magistério da Igreja, com as diversas disciplinas teológicas e com outras ciências pertinentes. Examina as teorias em desenvolvimento sobre a vida humana e a realidade da humanidade. No estudo dos assuntos mencionados, o Dicastério procede de acordo com o Dicastério para a Doutrina da Fé.

§ 2º Do mesmo modo, reflete sobre as mudanças na vida social, a fim de promover a pessoa humana em seu desenvolvimento pleno e harmonioso, valorizando o progresso e observando as derivas que o obstaculizam em nível cultural e social.

Art. 140 O Dicastério acompanha as atividades das instituições, das associações, dos movimentos e das organizações católicas, nacionais e internacionais, cuja finalidade é servir o bem da família.

Art. 141 § 1º O Dicastério colabora com a Pontifícia Academia para a Vida nas questões da proteção e promoção da vida humana e faz uso de sua competência.

§ 2º O Dicastério colabora com o "Pontifício Instituto Teológico João Paulo II para as Ciências do Matrimônio e da Família", tanto com a Seção Central como com as outras Seções e Centros associados/coligados, para promover uma direção comum nos estudos sobre matrimônio, família e vida.

Dicastério para a Promoção da Unidade dos Cristãos

Art. 142 É dever do Dicastério para a Promoção da Unidade dos Cristãos aplicar iniciativas e atividades apropriadas ao compromisso ecumênico, tanto dentro da Igreja Católica quanto nas relações com outras

Igrejas e comunidades eclesiais, para restaurar a unidade entre os cristãos.

Art. 143 § 1º Compete ao Dicastério aplicar os ensinamentos do Concílio Vaticano II e do Magistério pós-conciliar sobre o ecumenismo.

§ 2º Ocupa-se da reta interpretação e da fiel aplicação dos princípios e diretrizes ecumênicos estabelecidos para orientar, coordenar e desenvolver a atividade ecumênica.

§ 3º Favorece os encontros e eventos católicos, sejam nacionais ou internacionais, destinados a promover a unidade dos cristãos.

§ 4º Coordena as iniciativas ecumênicas das outras Instituições curiais, dos Ofícios e das Instituições coligadas à Santa Sé com as outras Igrejas e comunidades eclesiais.

Art. 144 § 1º Tendo apresentado previamente as questões ao Romano Pontífice, o Dicastério cuida das relações com as outras Igrejas e comunidades eclesiais. Promove o diálogo teológico e os colóquios para fomentar a unidade com eles, valendo-se da colaboração de especialistas.

§ 2º Compete ao Dicastério designar os membros católicos dos diálogos teológicos, os observadores católicos e os delegados para os diversos encontros ecumênicos. Sempre que parecer oportuno, ele convida observadores ou "delegados fraternos" de outras Igrejas e comunidades eclesiais para os encontros e eventos mais significativos da Igreja Católica.

§ 3º O Dicastério promove iniciativas ecumênicas também em nível espiritual, pastoral e cultural.

Art. 145 § 1º Visto que o Dicastério, por sua natureza, deve tratar frequentemente de questões inerentes à fé, é necessário que proceda de acordo com o Dicastério para a Doutrina da Fé, especialmente quando se trata de emitir documentos públicos ou declarações.

§ 2º Nos assuntos relativos às relações entre as Igrejas Orientais católicas e as Igrejas Ortodoxas ou Ortodoxas orientais, colabora com o Dicastério para as Igrejas Orientais e a Secretaria de Estado.

Art. 146 A fim de progredir na relação entre católicos e judeus, a Comissão para as Relações Religiosas com o Judaísmo é constituída no Dicastério. Ela é dirigida pelo Prefeito.

Dicastério para o Diálogo Inter-religioso

Art. 147 O Dicastério para o Diálogo Inter-religioso favorece e regula as relações com membros e grupos de religiões que não estejam compreendidas sob o nome cristão, com exceção do Judaísmo, cuja competência pertence ao Dicastério para a Promoção da Unidade dos Cristãos.

Art. 148 O Dicastério trabalha para que o diálogo com os seguidores de outras religiões ocorra de forma adequada, com atitude de escuta, estima e respeito. Favorece várias formas de relacionamento com eles para que, por meio da contribuição de todos, se promova a paz, a liberdade, a justiça social, a proteção e salvaguarda da criação, os valores espirituais e morais.

Art. 149 § 1º Consciente de que o diálogo inter-religioso se concretiza mediante a ação, o intercâmbio teológico e a experiência espiritual, o Dicastério promove uma verdadeira busca de Deus entre todos os homens. Favorece estudos e conferências apropriados para desenvolver informações mútuas e a estima recíproca, para que possam crescer a dignidade humana e as riquezas espirituais e morais das pessoas.

§ 2º É tarefa do Dicastério ajudar os Bispos diocesanos/eparquias na formação daqueles que se engajam no diálogo inter-religioso.

Art. 150 § 1º Reconhecendo que existem diversas tradições religiosas que buscam sinceramente a Deus, o Dicastério dispõe de pessoal especializado para diversas áreas.

§ 2º A fim de promover as relações com os membros de diferentes crenças religiosas, são constituídas no Dicastério Comissões, sob a orientação do Prefeito e em colaboração com as Conferências Episcopais e as Estruturas hierárquicas orientais, entre as quais aquela que promova as relações com os Muçulmanos do ponto de vista religioso.

Art. 151 No exercício das suas funções, o Dicastério, quando a matéria o exigir, procede de comum acordo com o Dicastério para a Doutrina da Fé e, se necessário, com os Dicastérios para as Igrejas Orientais e para a Evangelização.

Art. 152 § 1º No desempenho de suas funções, o Dicastério procede e planeja suas iniciativas de acordo com as Igrejas particulares, as Conferências Episcopais, suas Uniões regionais e continentais e as Estruturas hierárquicas orientais.

§ 2º O Dicastério encoraja, além disso, as Igrejas particulares a empreender iniciativas no campo do diálogo inter-religioso.

Dicastério para a Cultura e a Educação

Art. 153 § 1º O Dicastério para a Cultura e a Educação trabalha para o desenvolvimento dos valores humanos nas pessoas, no horizonte da antropologia cristã, contribuindo para a plena realização do seguimento de Jesus Cristo.

§ 2º O Dicastério é constituído pela Seção de Cultura, dedicada à promoção da cultura, animação pastoral e valorização do patrimônio cultural, e a Seção de Educação, que desenvolve os princípios fundamentais da educação com referência às escolas, aos Institutos eclesiásticos de Ensino Superior e de investigação e é competente para os recursos hierárquicos nessas matérias.

Art. 154 A Seção da Cultura promove e apoia as relações entre a Santa Sé e o mundo da cultura, confrontando-se com as múltiplas questões que dela emergem e privilegiando sobretudo o diálogo como instrumento imprescindível para o verdadeiro encontro, a interação recíproca e o enriquecimento mútuo, para que as diversas culturas abram-se sempre mais ao Evangelho, como também a fé cristã para com eles, e os amantes das artes, da literatura e das ciências, da tecnologia e do esporte devem conhecer e sentir-se reconhecidos pela Igreja como pessoas a serviço da busca sincera da verdade, do bom e do belo.

Art. 155 A Seção para a Cultura oferece a sua ajuda e colaboração para que os Bispos diocesanos/eparquiais, as Conferências Episcopais e as Estruturas hierárquicas orientais protejam e preservem o patrimônio histórico, particularmente os documentos e instrumentos jurídicos que dizem respeito e atestam a vida e o cuidado pastoral das realidades eclesiais, bem como o patrimônio artístico e cultural, para conservar com a máxima diligência em arquivos, bibliotecas e museus, igrejas e outros edifícios, a fim de estar à disposição de todos os que neles tenham interesse.

Art. 156 § 1º A Seção de Cultura promove e favorece o diálogo entre as múltiplas culturas presentes na Igreja, favorecendo o enriquecimento mútuo.

§ 2º Procura fazer com que os Bispos diocesanos/eparquiais, as Conferências Episcopais e as Estruturas hierárquicas orientais valorizem e protejam as culturas locais, com seu patrimônio de sabedoria e espiritualidade, como riqueza para toda a humanidade.

Art. 157 § 1º A Seção para a Cultura realiza iniciativas apropriadas em matéria de cultura; acompanha os projetos que são levados a cabo pelas instituições específicas da Igreja e, quando necessário, oferece-lhes a sua colaboração, sem prejuízo da autonomia dos respectivos programas de investigação.

§ 2º Em conjunto com a Secretaria de Estado, ocupa-se e acompanha os programas de ação realizados pelos Estados e pelos Organismos internacionais voltados à promoção da cultura e à valorização do patrimônio cultural e, nessas áreas, participa, de acordo com a oportunidade, em fóruns internacionais, em conferências especializadas, e promove ou apoia congressos.

Art. 158 A Seção para a Cultura estabelece e promove iniciativas de diálogo com aqueles que, embora não professando uma determinada religião, buscam sinceramente o encontro com a verdade de Deus, e também mostra a solicitude pastoral da Igreja por aqueles que não professam nenhum credo.

Art. 159 § 1º A Seção para a Educação colabora com os Bispos diocesanos/eparquiais, as Conferências Episcopais e as Estruturas hierárquicas orientais, para que os princípios fundamentais da educação, especialmente a católica, sejam acolhidos e aprofundados, a fim de que possam ser implementados contextual e culturalmente.

§ 2º Apoia os Bispos diocesanos/eparquiais, as Conferências Episcopais e as Estruturas hierárquicas orientais que, para a promoção da identidade católica das escolas e Institutos de Ensino Superior, podem emitir normas que definam os seus critérios em um determinado contexto cultural. Juntamente com eles, vigia para que no ensinamento doutrinal seja salvaguardada a integridade da fé católica.

Art. 160 § 1º A Seção para a Educação apoia os Bispos diocesanos/eparquiais, as Conferências Episcopais e as Estruturas hierárquicas orientais, no estabelecimento das normas segundo as quais devem ser erigidas as escolas católicas de qualquer ordem e grau e, nelas, prover também a pastoral educativa como parte da evangelização.

§ 2º Promove o ensino da religião católica nas escolas.

Art. 161 § 1º A Seção para a Educação colabora com os Bispos diocesanos/eparquiais, as Conferências Episcopais e as Estruturas hierárquicas orientais para promover em toda a Igreja o nascimento e o desenvolvimento de um número suficiente e qualificado de Institutos de Ensino Superior eclesiástico e católico, e de outros institutos de ensino nos quais as disciplinas sagradas e os estudos humanísticos e científicos são aprofundados e promovidos levando em conta a verdade cristã, para que os alunos sejam adequadamente formados no cumprimento das suas funções na Igreja e na sociedade.

§ 2º É competente para as formalidades necessárias ao reconhecimento, por parte dos Estados, dos graus acadêmicos emitidos em nome da Santa Sé.

§ 3º É a autoridade competente para aprovar e erigir Institutos de Ensino Superior e outras Instituições acadêmicas eclesiásticas, aprovar seus Estatutos e vigiar sobre a sua observância, inclusive nas relações com as autoridades civis. Quanto aos Institutos de Ensino Superior católicos, trata das matérias que, por disposição do direito, são de competência da Santa Sé.

§ 4º Promove a cooperação entre os Institutos de Ensino Superior eclesiásticos e católicos e suas associações.

§ 5º É competente para a emissão dos *nulla osta* de que os docentes necessitam para poder aceder ao ensino das disciplinas teológicas, ressalvado o art. 72, § 2º.

§ 6º Colabora com outros Dicastérios competentes no apoio aos Bispos diocesanos/eparquiais e outros Ordinários/Hierarcas, Conferências Episcopais e Estruturas hierárquicas orientais, na formação acadêmica de clérigos, membros dos Institutos de Vida Consagrada e das Sociedades de Vida Apostólica e leigos que se preparam para o serviço na Igreja.

Art. 162 O Dicastério para a Cultura e a Educação também coordena as atividades de certas Academias Pontifícias, algumas de antigas fundações, nas quais são cooptadas as grandes personalidades internacionais das ciências teológicas e humanísticas, escolhidas entre fiéis e não fiéis. Atualmente são: a Pontifícia Academia de Belas Artes e Letras dos Virtuosos do Panteão; a

Pontifícia Academia Romana de Arqueologia; a Pontifícia Academia de Teologia; a Pontifícia Academia de São Tomás; a Pontifícia Academia Mariana Internacional; a Pontifícia Academia *Cultorum Martyrum*; a Pontifícia Academia da Latinidade.

Dicastério para a Promoção do Desenvolvimento Humano Integral

Art. 163 § 1º O Dicastério para a Promoção do Desenvolvimento Humano Integral tem por missão promover a pessoa humana e a dignidade que lhe foi dada por Deus, os direitos humanos, a saúde, a justiça e a paz. Interessa-se principalmente por questões relacionadas com a economia e o trabalho, o cuidado com a criação e a terra como "casa comum", as migrações e as emergências humanitárias.

§ 2º Aprofunda e difunde a Doutrina Social da Igreja sobre o desenvolvimento humano integral e reconhece e interpreta à luz do Evangelho as necessidades e preocupações do gênero humano do próprio tempo e futuro.

§ 3º Apoia as Igrejas particulares, as Conferências Episcopais, suas Uniões regionais e continentais e as Estruturas hierárquicas orientais no campo da promoção humana integral, reconhecendo sua contribuição.

§ 4º Serve-se da contribuição de especialistas pertencentes a Institutos de Vida Consagrada e a Sociedades de Vida Apostólica e de Organismos de desenvolvimento e intervenção humanitária. Colabora com os representantes da sociedade civil e Organismos internacionais, no respeito das competências da Secretaria de Estado.

Art. 164 O Dicastério, em colaboração com as Conferências Episcopais, suas Uniões regionais e continentais e as Estruturas hierárquicas orientais, acompanha os processos de implementação do Magistério da Igreja nas áreas de proteção e desenvolvimento integral do meio ambiente, cooperando com os membros de outras confissões cristãs e de outras religiões, com as autoridades e as Organizações civis e Organismos internacionais.

Art. 165 Na atividade própria de promoção da justiça e da paz, o Dicastério:

1. está ativamente envolvido na prevenção e resolução de conflitos, identificando e analisando também, de acordo com a Secretaria de Estado e com o envolvimento das Conferências Episcopais e das Estruturas hierárquicas orientais, as possíveis situações que os possam causar;

2. compromete-se a defender e promover a dignidade e os direitos fundamentais da pessoa

humana, bem como os direitos sociais, econômicos e políticos;

3. apoia iniciativas contra o tráfico de seres humanos, a prostituição forçada, a exploração de menores e pessoas vulneráveis e as diversas formas de escravidão e tortura e trabalha para que a comunidade internacional esteja atenta e sensível à questão do tratamento de prisioneiros e suas condições de vida, bem como está empenhado na abolição da pena de morte;

4. esforça-se por assegurar que, nas Igrejas particulares, seja prestada uma assistência material e espiritual eficaz e adequada – se necessário, também por meio de estruturas pastorais apropriadas – aos migrantes, refugiados, deslocados e outras pessoas em mobilidade humana que necessitem de uma pastoral específica.

Art. 166 § 1º O Dicastério promove, junto às Igrejas particulares, a pastoral dos marítimos, tanto em navegação como nos portos, especialmente por meio da Obra do Apostolado do Mar, da qual exerce a direção.

§ 2º Exerce a mesma preocupação com quem tem emprego ou realiza seu trabalho nos aeroportos ou nos aviões.

Art. 167 O Dicastério, em colaboração com as Conferências Episcopais, suas Uniões regionais e continentais e as Estruturas hierárquicas orientais, promove a luta contra a pobreza, colaborando com os Institutos de cooperação nacionais e internacionais para a realização do desenvolvimento humano integral. Incentiva as iniciativas contra a corrupção e a favor do bom governo, de modo a servir o interesse público e aumentar a confiança na comunidade internacional.

Art. 168 O Dicastério promove e defende modelos equitativos de economia e estilos de vida sóbrios, sobretudo favorecendo iniciativas contra a exploração econômica e social dos países pobres, relações comerciais assimétricas, especulações financeiras e modelos de desenvolvimento que criam exclusões.

Art. 169 O Dicastério trabalha em colaboração com os Bispos diocesanos/eparquiais, as Conferências Episcopais e as Estruturas hierárquicas orientais para a sensibilidade pela paz, o compromisso com a justiça e a solidariedade para com as pessoas mais débeis e socialmente fragilizadas, sobretudo por ocasião das suas próprias *Jornadas Mundiais*.

Art. 170 O Dicastério analisa, juntamente com as Conferências Episcopais, suas Uniões regionais e continentais e as Estruturas hierárquicas orientais, as principais causas da migração e fuga dos países de origem, comprometendo-se à sua remoção, e promove iniciativas de solidariedade e integração nos países de acolhimento. Colabora, de acordo com a Secretaria de Estado, com Organismos de desenvolvimento, de intervenção humanitária e Organizações internacionais, para a elaboração e adoção de normas a favor dos refugiados, dos requerentes de asilo e dos migrantes.

Art. 171 O Dicastério promove e incentiva a saúde justa e integral, bem como apoia as iniciativas das dioceses/eparquias, dos Institutos de Vida Consagrada, das Sociedades de Vida Apostólica, de *Caritas* e das associações laicais, para evitar a marginalização dos doentes e deficientes, os cuidados insuficientes, a falta de pessoal, de equipamentos hospitalares e de abastecimento de medicamentos nos países pobres; e presta atenção à falta de pesquisas na luta contra as doenças.

Art. 172 § 1º O Dicastério colabora com a Secretaria de Estado também participando nas Delegações da Santa Sé, em reuniões intergovernamentais sobre assuntos de sua competência.

§ 2º Mantém estreita relação com a Secretaria de Estado, especialmente quando pretende se manifestar publicamente, por meio de documentos ou declarações, sobre assuntos relativos às relações com os governos civis e com outros sujeitos de direito internacional.

Art. 173 O Dicastério colabora com as Obras da Santa Sé para a ajuda humanitária em áreas de crise, cooperando com os Organismos eclesiais humanitários e de desenvolvimento.

Art. 174 § 1º O Dicastério mantém uma estreita relação com a Pontifícia Academia das Ciências Sociais e com a Pontifícia Academia para a Vida, levando em conta os seus Estatutos.

§ 2º Tem jurisdição sobre a *Caritas Internationalis* e a Comissão Católica Internacional para as Migrações, conforme seus Estatutos.

§ 3º Exerce os poderes reservados por lei à Santa Sé para constituir e supervisionar as associações internacionais de caridade e os fundos constituídos para os mesmos fins, de acordo com o estabelecido nos respectivos Estatutos e no respeito da normativa vigente.

Dicastério para os Textos Legislativos

Art. 175 § 1º O Dicastério para os Textos Legislativos promove e divulga na Igreja o conhecimento e a acolhida do Direito canônico da Igreja latina e das Igrejas Orientais e oferece assistência para sua correta aplicação.

§ 2º Desempenha suas funções a serviço do Romano Pontífice, das Instituições e Ofícios da Cúria, dos Bispos diocesanos/eparquiais, das Conferências Episcopais, das Estruturas hierárquicas orientais e também dos Supremos Moderadores dos Institutos de Vida Consagrada e das Sociedades de Vida Apostólica de direito pontifício.

§ 3º No desempenho de suas funções, conta com a colaboração de canonistas pertencentes a diversas culturas e atuantes em diversos continentes.

Art. 176 Compete a este Dicastério formular a interpretação autêntica das leis da Igreja, aprovada em forma própria pelo Romano Pontífice, como Supremo Legislador e Intérprete, ouvidas as Instituições curiais e os Ofícios da Cúria Romana competentes para cada uma das matérias consideradas.

Art. 177 No caso de surgir uma dúvida de direito que não exija uma interpretação autêntica, o Dicastério pode oferecer os devidos esclarecimentos sobre o significado das normas, por meio de uma interpretação formulada de acordo com os critérios estabelecidos pelas normas canônicas. Esses esclarecimentos podem assumir a forma de declarações ou notas explicativas.

Art. 178 O Dicastério, estudando a legislação vigente da Igreja latina e das Igrejas orientais, e de acordo com os pedidos que lhe chegam da prática eclesial, examina a possível presença de *lacunae legis* e apresenta ao Romano Pontífice propostas adequadas para sua superação. Também verifica a necessidade de atualização da legislação vigente e sugere alterações, garantindo a harmonia e eficácia da lei.

Art. 179 O Dicastério auxilia as Instituições curiais na preparação de decretos executivos gerais, instruções e outros textos de natureza normativa, para que cumpram as prescrições do direito universal em vigor e redigidos na devida forma jurídica.

Art. 180 Os decretos gerais emitidos pelos Concílios plenários ou Conferências Episcopais e Estruturas hierárquicas orientais são submetidos a este Dicastério pelo Dicastério competente para conceder a *recognitio*, a fim de serem examinados sob o aspecto jurídico.

Art. 181 O Dicastério, a pedido dos interessados, determina se as leis e os decretos gerais emitidos por legisladores inferiores ao Romano Pontífice estão em conformidade com o direito universal da Igreja.

Art. 182 § 1º O Dicastério promove o estudo do Direito Canônico da Igreja latina e das Igrejas orientais e de outros textos legislativos, organizando encontros interdicasteriais, conferências, e promovendo associações de canonistas internacionais e nacionais.

§ 2º O Dicastério presta particular atenção à correta práxis canônica, para que o direito na Igreja seja adequadamente compreendido e corretamente aplicado; igualmente, quando necessário, alerta a autoridade competente para o surgimento de práticas ilegítimas e oferece aconselhamento a esse respeito.

Dicastério para a Comunicação

Art. 183 O Dicastério para a Comunicação trata de todo o sistema de comunicação da Sé Apostólica e, em unidade estrutural e de acordo com as características operacionais relativas, unifica todas as realidades da Santa Sé no campo da comunicação, para que todo o sistema responda de forma coerente com as necessidades da missão evangelizadora da Igreja, em um contexto caracterizado pela presença e pelo desenvolvimento dos meios digitais, pelos fatores de convergência e interatividade.

Art. 184 O Dicastério atende às necessidades da missão evangelizadora da Igreja, utilizando os modelos de produção, as inovações tecnológicas e as formas de comunicação atualmente disponíveis e aquelas que se desenvolverão no futuro.

Art. 185 O Dicastério, além das funções expressamente operacionais que lhe são atribuídas, também aprofunda e desenvolve os aspectos propriamente teológicos e pastorais da ação comunicativa da Igreja. Nesse sentido, trabalha, também ao nível da formação, para que a comunicação não se reduza a conceitos puramente tecnológicos e instrumentais.

Art. 186 É dever do Dicastério trabalhar para que os fiéis estejam cada vez mais conscientes do dever que cabe a cada um de empenhar-se para que os múltiplos meios de comunicação estejam à disposição da missão pastoral da Igreja, a serviço do aumento da civilização e dos costumes; dedica-se a essa consciência especialmente por ocasião da celebração da *Jornada Mundial das Comunicações Sociais*.

Art. 187 Para sua atividade, o Dicastério utiliza as infraestruturas de conectividade e rede do Estado da Cidade do Vaticano, de acordo com a legislação específica e os compromissos internacionais assumidos pela Santa Sé. No desempenho das suas funções, atua em colaboração com as Instituições curiais competentes na matéria e em particular com a Secretaria de Estado.

Art. 188 Compete ao Dicastério apoiar as demais Instituições curiais e os Ofícios, as Instituições coligadas com a Santa Sé, ao Governatorato do Estado da Cidade do Vaticano e aos outros Organismos que tenham sede no Estado da Cidade do Vaticano, ou que dependam da Sé Apostólica, nas suas atividades de comunicação.

Capítulo VI
ÓRGÃOS DE JUSTIÇA

Art. 189 § 1º O serviço dos Organismos de Justiça é uma das funções essenciais no governo da Igreja. O objetivo desse serviço, buscado por cada um dos Organismos para o foro de sua competência, é o da própria missão da Igreja: anunciar e inaugurar o Reino de Deus e trabalhar, pela ordem da justiça aplicada com equidade canônica, para a salvação das almas, que, na Igreja, é sempre a lei suprema.

§ 2º São Organismos ordinários de justiça: a Penitenciaria Apostólica, o Supremo Tribunal da Assinatura Apostólica e o Tribunal da Rota Romana. Os três Organismos são independentes um do outro.

Penitenciaria Apostólica

Art. 190 § 1º A Penitenciaria Apostólica tem jurisdição sobre tudo o que diz respeito ao foro interno e às Indulgências, como expressão da misericórdia divina.

§ 2º É dirigida pelo Penitenciário Maior, coadjuvada pelo Regente, aos quais se juntam alguns Oficiais.

Art. 191 Para o foro interno, sacramental ou não sacramental, concede absolvição de censuras, dispensas, comutações, sanções, anistias e outras graças.

Art. 192 § 1º A Penitenciaria Apostólica assegura que, nas Basílicas Papais de Roma, haja um número suficiente de Penitenciários, dotados das faculdades apropriadas.

§ 2º Cuida da correta formação dos Penitenciários nomeados nas Basílicas Papais e dos nomeados em outros lugares.

Art. 193 A Penitenciaria Apostólica é responsável pela concessão e pelo uso das Indulgências, sem prejuízo das competências do Dicastério para a Doutrina da Fé, para o exame de tudo o que diz respeito à doutrina, e do Dicastério para o Culto Divino e a Disciplina dos Sacramentos no âmbito ritual.

Supremo Tribunal da Assinatura Apostólica

Art. 194 A Assinatura Apostólica exerce a função de Supremo Tribunal da Igreja e também prevê a correta administração da justiça na Igreja.

Art. 195 § 1º O Supremo Tribunal da Assinatura Apostólica é composto por Cardeais, Bispos e presbíteros nomeados pelo Romano Pontífice, por cinco anos, e presidido pelo Cardeal Prefeito.

§ 2º O Prefeito é coadjuvado por um Secretário na condução dos assuntos do Tribunal.

Art. 196 A Assinatura Apostólica, como Tribunal de jurisdição ordinária, julga:

1. as querelas de nulidade e pedidos de *restitutio in integrum* contra as Sentenças da Rota Romana;

2. os recursos, nas causas relativas ao estado das pessoas, contra a recusa de um novo exame de causa decidido pela Rota Romana;

3. as exceções de suspeição e outras causas contra os juízes da Rota Romana, por atos postos no exercício das suas funções;

4. os conflitos de competência entre Tribunais, que não dependem do mesmo Tribunal de apelo.

Art. 197 § 1º A Assinatura Apostólica, na qualidade de Tribunal administrativo para a Cúria Romana, julga os recursos contra atos administrativos singulares, colocados pelos Dicastérios e pela Secretaria de Estado ou por eles aprovados, sempre que se discuta se o ato impugnado violou alguma lei, ao deliberar ou ao proceder.

§ 2º Nesses casos, além de julgar a violação da lei, a Assinatura Apostólica também pode julgar, se o requerente assim o solicitar, sobre a reparação de qualquer dano causado pelo ato em questão.

§ 3º Julga também outros litígios administrativos que lhe sejam submetidos pelo Romano Pontífice ou pelas Instituições da Cúria. Finalmente, julga os conflitos de competência surgidos entre os Dicastérios e entre estes e a Secretaria de Estado.

Art. 198 A Assinatura Apostólica, como órgão administrativo de justiça em matéria disciplinar, é ainda responsável por:

1. exercer a vigilância sobre a correta administração da justiça nos diversos Tribunais eclesiásticos e tomar medidas, se necessário, contra os ministros, os advogados ou os procuradores;

2. julgar acerca das petições dirigidas à Sé Apostólica para obter o diferimento do processo à Rota Romana;

3. julgar acerca de qualquer pedido relativo à administração da justiça;

4. prorrogar a competência do Tribunal de grau inferior;

5. conceder a aprovação do Tribunal de apelo, bem como, se reservado à Santa Sé, a aprovação da ereção de Tribunais interdiocesanos/

intereparquiais/inter-rituais, regionais, nacionais e, se necessário, supranacionais.

Art. 199 A Assinatura Apostólica é regida por uma sua lei própria.

Tribunal da Rota Romana

Art. 200 § 1º O Tribunal da Rota Romana serve ordinariamente como instância superior no grau de apelo à Sé Apostólica para tutelar os direitos na Igreja; prevê a unidade da jurisprudência e, por meio de próprias sentenças, auxilia os Tribunais inferiores.

§ 2º Junto ao Tribunal da Rota Romana é constituído o Ofício ao qual compete julgar o fato da não consumação do matrimônio e acerca da existência de justa causa para a concessão da dispensa.

§ 3º Compete também a esse Ofício tratar as causas de nulidade da sagrada ordenação, à norma do direito universal e próprio, segundo os diversos casos.

Art. 201 § 1º O Tribunal tem estrutura colegiada e é composto por um certo número de juízes, dotados de comprovada doutrina, competência e experiência, escolhidos pelo Romano Pontífice de várias partes do mundo.

§ 2º Ao Colégio do Tribunal preside, como *primus inter pares*, o Decano, o qual é nomeado por cinco anos pelo Romano Pontífice, que o escolhe entre os mesmos juízes.

§ 3º O Ofício para os procedimentos de dispensa do matrimônio ratificado e não consumado e das causas de nulidade da sagrada ordenação é moderado pelo Decano, coadjuvado por seus próprios Oficiais, Comissários deputados e Consultores.

Art. 202 § 1º O Tribunal da Rota Romana julga, em segunda instância, as causas julgadas pelos Tribunais ordinários de primeira instância e deferidas à Santa Sé por legítimo apelo.

§ 2º Julga, em terceira ou segunda instância, os casos já tratados pelo mesmo Tribunal Apostólico e por qualquer outro Tribunal, salvo se transitarem em julgado.

Art. 203 § 1º A Rota Romana também julga em primeira instância:

1. os Bispos nas causas contenciosas, desde que não se trate de direitos ou bens temporais de pessoa jurídica representada pelo Bispo;
2. os Abades primazes ou Abades superiores das congregações monásticas e os Moderadores supremos dos Institutos de Vida Consagrada e das Sociedades de Vida Apostólica de direito pontifício;

3. as Dioceses/Eparquias ou outras pessoas eclesiásticas, físicas e jurídicas, que não tenham Superior abaixo do Romano Pontífice;

4. as causas que o Romano Pontífice confiou ao mesmo Tribunal.

§ 2º Julga as mesmas causas também em segundas e posteriores instâncias, salvo disposição em contrário.

Art. 204 O Tribunal da Rota Romana rege-se por lei própria.

Capítulo VII
ÓRGÃOS ECONÔMICOS

Conselho para a Economia

Art. 205 § 1º Compete ao Conselho para a Economia supervisionar as estruturas e atividades administrativas e financeiras das Instituições curiais e Ofício, das Instituições coligadas à Santa Sé ou que a ela se refiram, indicadas na lista anexa ao próprio Estatuto.

§ 2º O Conselho para a Economia exerce suas funções à luz da Doutrina Social da Igreja, aderindo às melhores práticas reconhecidas internacionalmente em matéria de administração pública, com vistas a uma gestão administrativa e financeira ética e eficiente.

Art. 206 § 1º O Conselho é composto por oito Cardeais ou Bispos, que representam a universalidade da Igreja, e sete leigos, escolhidos entre especialistas de várias nacionalidades. Os quinze membros são nomeados por cinco anos pelo Romano Pontífice.

§ 2º O Conselho é convocado e presidido pelo Cardeal Coordenador, coadjuvado por um Secretário.

§ 3º O Prefeito da Secretaria da Economia participa das reuniões do Conselho sem direito a voto.

Art. 207 O Conselho submete à aprovação do Romano Pontífice orientações e normas destinadas a assegurar que:

1. sejam tutelados os bens dos Entes e das Administrações submetidas à sua vigilância;

2. sejam reduzidos os riscos patrimoniais e financeiros;

3. os recursos humanos, materiais e financeiros sejam atribuídos de maneira racional e geridos com prudência, eficiência e transparência;

4. os Entes e as Administrações exerçam as suas funções com eficiência, de acordo com as atividades, os programas e os orçamentos por eles aprovados.

Art. 208 O Conselho estabelece os critérios, incluindo o de valor, para determinar quais atos de alienação, aquisição ou administração extraordinária praticados pelos Entes sob sua vigilância exigem, *ad validitatem*, a aprovação do Prefeito da Secretaria para a Economia.

Art. 209 § 1º O Conselho aprova o orçamento anual e as demonstrações financeiras consolidadas da Santa Sé e os submete ao Romano Pontífice.

§ 2º Durante a Sé vacante, o Conselho para a Economia entrega ao Cardeal Camerlengo da Santa

Igreja Romana os últimos balanços consolidados da Santa Sé e o orçamento para o ano em curso.

Art. 210 O Conselho, quando necessário e em cumprimento de sua autonomia operacional, solicita à Autoridade de Supervisão e Informações Financeiras informações relevantes às finalidades das atividades que desenvolve e é informado anualmente sobre as atividades do Instituto para as Obras de Religião.

Art. 211 O Conselho examina as propostas apresentadas pela Secretaria da Economia, bem como as sugestões apresentadas pelas várias Administrações da Santa Sé, pela Autoridade de Supervisão e Informação Financeira e por outros Entes indicados em seus próprios Estatutos.

Secretaria para a Economia

Art. 212 § 1º A Secretaria para a Economia exerce a função de Secretaria Pontifícia para assuntos econômicos e financeiros.

§ 2º Exerce o controle e a supervisão em matéria administrativa, econômica e financeira sobre as Instituições curiais, os Ofícios e Instituições coligadas à Santa Sé ou que a ela se refiram, indicadas na lista anexa ao Estatuto do Conselho para a Economia.

§ 3º Exerce também um controle especial sobre o Óbolo de São Pedro e sobre os outros fundos papais.

Art. 213 § 1º A Secretaria para a Economia é presidida por um Prefeito, coadjuvado por um Secretário.

§ 2º O Organismo se divide em duas áreas funcionais: uma para regulação, controle e vigilância em matéria econômico-financeira; e outra para regulação, controle e vigilância em matéria administrativa.

Art. 214 § 1º A Secretaria para a Economia deve consultar o Conselho para economia e submeter à sua apreciação as propostas e orientações relativas a normas sobre matérias de maior importância ou relativas a princípios gerais.

§ 2º No curso da elaboração de propostas ou diretrizes, a Secretaria para a Economia realiza as devidas consultas, levando em conta a autonomia e as competências dos Entes e Administrações.

§ 3º Nas questões relativas às relações com os Estados e com outros sujeitos de direito internacional, a Secretaria para a Economia atua em colaboração com a Secretaria de Estado, a qual tem competência exclusiva.

Art. 215 A Secretaria para a Economia:

1. emite orientações sobre assuntos econômicos e financeiros para a Santa Sé e verifica se

as atividades são realizadas em conformidade com os planos operacionais e programas aprovados;

2. acompanha as atividades administrativas, econômicas e financeiras das instituições confiadas ao seu controle e vigilância; propõe e assegura quaisquer ações corretivas;

3. elabora o orçamento anual, verifica o seu cumprimento e o balanço consolidado da Santa Sé e submete-os ao Conselho para a Economia;

4. realiza anualmente a avaliação de risco da situação patrimonial e financeira da Santa Sé e a apresenta ao Conselho para a Economia.

Art. 216 A Secretaria para a Economia:

1. formula diretrizes, orientações, modelos e procedimentos em matéria de compras, destinadas a assegurar que todos os bens e serviços exigidos pelas Instituições curiais e pelos Ofício e Instituições coligadas à Santa Sé ou que a ela se referem sejam adquiridos no modo mais prudente, eficiente e economicamente vantajoso, em conformidade a adequadas verificações e procedimentos internos;

2. predispõe instrumentos informáticos adequados que tornem a gestão administrativa,

econômica e financeira eficaz e transparente e assegurem que os arquivos e a contabilidade sejam mantidos de modo fiel, conforme as normas e os procedimentos aprovados.

Art. 217 § 1º É instituída na Secretaria para a Economia a Diretoria de Recursos Humanos da Santa Sé, que, em diálogo e cooperação com os Entes interessados, provê a tudo quanto se refere a posição e gestão laborativa do pessoal e dos colaboradores dos Entes sujeitos à legislação própria da Santa Sé, sem prejuízo do disposto no art. 48, 2º.

§ 2º Entre outras competências, por meio dessa Diretoria, a Secretaria para a Economia autoriza as contratações, verificando todos os requisitos, e aprova as tabelas orgânicas dos Entes.

Art. 218 § 1º A Secretaria para a Economia aprova qualquer ato de alienação, compra ou administração extraordinária realizado pelas Instituições curiais e pelos Ofícios e Instituições coligadas à Santa Sé ou que a ela se refiram, para o qual é necessária a sua aprovação *ad validitatem*, com base nos critérios determinados pelo Conselho para a Economia.

§ 2º Durante a Sé vacante, a Secretaria para a Economia fornece ao Cardeal Camerlengo da Santa Igreja Romana todas as informações que serão solicitadas sobre a situação econômica da Santa Sé.

Administração do Patrimônio da Sé Apostólica

Art. 219 § 1º A Administração do Patrimônio da Sé Apostólica é o órgão responsável pela administração e gestão dos bens imóveis e móveis da Santa Sé destinados a prover os recursos necessários ao cumprimento da função própria da Cúria Romana para o bem e o serviço das Igrejas particulares.

§ 2º Compete à mesma administrar os bens imóveis e móveis dos Entes que confiaram seus bens à Santa Sé, observada a finalidade específica para a qual os bens foram constituídos e as diretrizes e políticas gerais aprovadas pelos organismos competentes.

§ 3º A execução das operações financeiras referidas nos §§ 1º e 2º se dá por meio da atividade instrumental do Instituto para as Obras de Religião.

Art. 220 § 1º A Administração do Patrimônio da Sé Apostólica providencia o necessário para a atividade ordinária da Cúria Romana, cuidando da tesouraria, contabilidade, compras e outros serviços.

§ 2º A Administração do Patrimônio da Sé Apostólica pode realizar os mesmos serviços mencionados no § 1º também para as Instituições coligadas à Santa Sé ou que a ela solicitem ou assim esteja disposto.

Art. 221 § 1º A Administração do Patrimônio da Sé Apostólica é presidida por um Presidente. É coadjuvado por um Secretário e por um Conselho, formado por Cardeais, Bispos, sacerdotes e leigos, que o auxiliam na elaboração das diretrizes estratégicas do Ente e na avaliação de suas realizações.

§ 2º A organização interna do Organismo se divide em três áreas funcionais, que tratam da gestão de imóveis, dos negócios financeiros e dos serviços.

§ 3º O Organismo vale-se da assessoria de peritos nas áreas de competência, nomeados na forma do art. 16–17, § 1º.

Ofício do Auditor-Geral

Art. 222 Ao Ofício do Auditor-Geral é confiada a tarefa de auditar as demonstrações financeiras consolidadas da Santa Sé.

Art. 223 § 1º O Ofício tem a tarefa de acordo com o programa anual de auditoria aprovado pelo Conselho para a Economia, da auditoria contábil dos balanços anuais de cada Instituição curial e dos Ofícios, das Instituições coligadas à Santa Sé ou que a ela se referem, que convergem nos balanços consolidados.

§ 2º O programa anual de auditoria é comunicado pelo Auditor-Geral ao Conselho para a Economia para a sua aprovação.

Art. 224 § 1º O Ofício do Auditor-Geral, a pedido do Conselho para a Economia, ou da Secretaria para a Economia, ou dos Chefes dos Entes e das Administrações referidas no art. 205, § 1º, faz auditorias sobre situações particulares conexas a: anomalias na utilização ou alocação de recursos financeiros ou materiais; irregularidades na concessão de contratos ou na realização de transações ou alienações; atos de corrupção ou fraude. As mesmas auditorias podem ser iniciadas autonomamente pelo Auditor-Geral, que informa antecipadamente o Cardeal Coordenador do Conselho para a Economia, dando as razões.

§ 2º O Auditor-Geral recebe relatórios sobre situações particulares de pessoas que delas tenham conhecimento em razão do exercício de suas funções. Examinados os relatórios, apresenta-os ao Prefeito da Secretaria para a Economia e, se julgar necessário, também ao Cardeal Coordenador do Conselho para a Economia.

Comissão de Matérias Reservadas

Art. 225 A Comissão de Matérias Reservadas é responsável por:

1. autorizar qualquer ato jurídico, econômico ou financeiro que, para o bem maior da Igreja ou das pessoas, deva ser mantido em sigilo

e afastado do controle e da fiscalização dos órgãos competentes;

2. controlar os contratos da Santa Sé que, de acordo com a lei, exigem confidencialidade e vigiar sobre esses.

Art. 226 A Comissão, de acordo com o próprio Estatuto, é composta por alguns membros nomeados por cinco anos pelo Romano Pontífice. É presidida por um Presidente, coadjuvado por um Secretário.

Comitê para os Investimentos

Art. 227 § 1º Ao Comitê para os Investimentos compete garantir a natureza ética dos investimentos móveis da Santa Sé, de acordo com a Doutrina Social da Igreja, e, ao mesmo tempo, a sua rentabilidade, adequação e risco.

§ 2º O Comitê é composto, de acordo com o próprio Estatuto, por membros e por profissionais de alto perfil, nomeados por cinco anos pelo Romano Pontífice. É presidido por um Presidente, coadjuvado por um Secretário.

Capítulo VIII
OFÍCIOS

Prefeitura da Casa Pontifícia

Art. 228 § 1º A Prefeitura cuida da ordem interna relativa à Casa Pontifícia e dirige, em matéria de disciplina e serviço, todos os que compõem a Capela e a Família Pontifícia.

§ 2º É dirigida por um Prefeito, coadjuvado pelo Regente, nomeado por cinco anos pelo Romano Pontífice, aos quais se juntam alguns Oficiais.

Art. 229 § 1º A Prefeitura da Casa Pontifícia supervisiona a organização e a realização das cerimônias pontifícias, excluindo a parte estritamente litúrgica, e estabelece a ordem de precedência.

§ 2º É seu dever ordenar o serviço de antecâmara e organizar as audiências públicas, especiais e privadas do Romano Pontífice e as visitas de pessoas, consultando, sempre que as circunstâncias o exigirem, a Secretaria de Estado. Ela prepara tudo o que deve ser feito quando os Chefes de Estado, Chefes de Governo, Ministros de Estado, Autoridades Públicas e outras personalidades eminentes, bem como Embaixadores, são recebidos em audiência solene pelo próprio Pontífice.

§ 3º Ocupa-se de quanto se refere aos Exercícios Espirituais do Romano Pontífice, do Colégio Cardinalício e da Cúria Romana.

Art. 230 § 1º Compete à Prefeitura fazer os preparativos sempre que o Romano Pontífice visitar o território vaticano, Roma ou viajar pela Itália.

§ 2º O Prefeito o assiste somente por ocasião de encontros e visitas ao território vaticano.

Ofício das Celebrações Litúrgicas do Sumo Pontífice

Art. 231 § 1º Compete ao Ofício para as celebrações litúrgicas do Sumo Pontífice preparar tudo o que for necessário para as celebrações litúrgicas e outras celebrações sagradas no Vaticano que o Romano Pontífice preside, participa ou assiste, ou – em seu nome ou por seu mandato – um Cardeal ou um Prelado, e dirigi-los segundo as prescrições em vigor no âmbito litúrgico, preparando tudo o que for necessário ou útil para o seu digno desenvolvimento e para a participação ativa dos fiéis.

§ 2º O Ofício cuida também da preparação e do desenvolvimento de todas as celebrações litúrgicas pontifícias que se realizam durante as visitas pastorais do Romano Pontífice nas viagens apostólicas, levando em conta as peculiaridades das celebrações papais.

Art. 232 § 1º Ao Ofício é preposto o Mestre das Celebrações Litúrgicas Pontifícias, nomeado por cinco anos pelo Romano Pontífice. Assiste-o nas sagradas celebrações os Cerimoniários pontifícios, nomeados por cinco anos pelo Romano Pontífice.

§ 2º No Ofício coadjuvam o Mestre, vários Oficiais e Consultores.

Art. 233 § 1º O Mestre das Celebrações Litúrgicas Pontifícias é responsável também pela Sacristia Pontifícia e pelas Capelas do Palácio Apostólico.

§ 2º É, igualmente, responsável pela Capela Musical Pontifícia, com a tarefa de orientar todas as atividades e os âmbitos litúrgicos, pastorais, espirituais, artísticos e educativos da mesma Capela, inserida no Ofício como local específico de serviço às funções litúrgicas papais e, ao mesmo tempo, de custódia e promoção da prestigiosa herança artístico-musical produzida ao longo dos séculos pela própria Capela para as solenes liturgias dos Pontífices.

Art. 234 Entra na competência do Ofício a celebração do Consistório e a direção das celebrações litúrgicas do Colégio Cardinalício, durante a Sé vacante.

Camerlengo da Santa Igreja Romana

Art. 235 § 1º O Cardeal Camerlengo da Santa Igreja Romana exerce as funções que lhe são atribuídas pela lei especial relativa à Sé Apostólica vacante e à eleição do Romano Pontífice.

§ 2º O Cardeal Camerlengo da Santa Igreja Romana e o Vice-Camerlengo são nomeados pelo Romano Pontífice.

§ 3º No exercício das funções atribuídas, o Cardeal Camerlengo da Santa Igreja Romana é coadjuvado, sob sua autoridade e responsabilidade, por três Cardeais Assistentes, um dos quais é o Cardeal Coordenador do Conselho para a Economia e os outros dois são identificados segundo as modalidades previstas na legislação sobre a vacância da Sé Apostólica e a eleição do Romano Pontífice.

Art. 236 A tarefa de cuidar e administrar os bens e direitos temporais da Sé Apostólica durante o tempo em que esta está vacante é confiada ao Cardeal Camerlengo da Santa Igreja Romana. Caso seja impedido, a função será assumida pelo Vice-Camerlengo.

Art. 237 Quando a Sé Apostólica está vacante, é direito e dever do Cardeal Camerlengo da Santa Igreja Romana:

1. solicitar a todas as Administrações dependentes da Santa Sé os relatórios sobre o seu estado patrimonial e econômico, bem como informações sobre os negócios extraordinários, que estejam em curso;

2. solicitar ao Conselho para a Economia o orçamento e as demonstrações financeiras consolidadas da Santa Sé do ano precedente, bem como o orçamento para o ano seguinte;

3. solicitar, na medida em que seja necessário, à Secretaria para a Economia todas as informações sobre a situação econômica da Santa Sé.

Capítulo IX

ADVOGADOS

**Registro dos Advogados junto
à Cúria Romana**

Art. 238 Para além do Registro dos Advogados junto à Rota Romana, existe um Registro de Advogados, habilitados para assumir, a pedido dos interessados, o patrocínio de processos no Supremo Tribunal da Assinatura Apostólica e também a prestar o seu trabalho em recursos hierárquicos perante as Instituições curiais.

Art. 239 § 1º Podem inscrever-se nesse Registro os profissionais que se distingam pela adequada preparação, comprovada pelos graus acadêmicos, pelo exemplo de vida cristã, pela honestidade moral e pela capacidade profissional.

§ 2º O Cardeal Secretário de Estado, ouvida uma Comissão constituída para essa finalidade, procede à inscrição no Registro dos profissionais que possuam os requisitos referidos no § 1º e que tenham feito a adequada solicitação. Se esses requisitos não forem atendidos, deixam de fazer parte do Registro.

Corpo dos Advogados da Santa Sé

Art. 240 § 1º O Corpo dos Advogados da Santa Sé é constituído, preferencialmente, pelos inscritos no Registro dos Advogados junto à Cúria Romana. Eles poderão assumir o patrocínio das causas, em nome da Santa Sé ou das Instituições curiais, perante tribunais eclesiásticos e civis.

§ 2º Os Advogados da Santa Sé são nomeados por um período renovável de cinco anos pelo Cardeal Secretário de Estado, ouvida a Comissão referida no artigo 239, § 2º; cessam as suas funções quando atingem a idade de setenta e cinco anos e, por motivos graves, podem ser revogados.

§ 3º Os Advogados da Santa Sé são obrigados a levar uma vida cristã integral e exemplar e a cumprir os deveres que lhes são confiados com a máxima consciência e para o bem da Igreja.

Capítulo X
INSTITUIÇÕES COLIGADAS COM A SANTA SÉ

Art. 241 Existem alguns Institutos, tanto de origem antiga como de nova constituição, que, embora não façam parte propriamente da Cúria Romana e tenham personalidade jurídica própria, prestam diversos serviços necessários ou úteis ao próprio Romano Pontífice, à Cúria Romana e à Igreja universal, e, de alguma forma, estão ligados à própria Cúria.

Art. 242 O Arquivo Apostólico Vaticano é o Instituto que exerce a sua atividade específica de custódia e valorização dos atos e dos documentos relativos ao governo da Igreja universal, para que estejam, antes de tudo, à disposição da Santa Sé e da Cúria Romana no cumprimento da própria atividade e, em segundo lugar, por concessão pontifícia, podem representar para todos os estudiosos, sem distinção de país e religião, fontes de conhecimento, mesmo profanas, dos acontecimentos que, ao longo do tempo, estiveram intimamente ligados à vida da Igreja.

Art. 243 Instituto de origem antiga, a Biblioteca Apostólica do Vaticano é um insigne instrumento da

Igreja para o desenvolvimento e a difusão da cultura, em apoio à atividade da Sé Apostólica. Tem a tarefa de, por meio de suas várias seções, recolher e preservar um riquíssimo patrimônio da ciência e da arte e colocá-lo à disposição dos estudiosos que procuram a verdade.

Art. 244 A Fábrica de São Pedro trata de tudo o que diz respeito à Basílica Papal de São Pedro, que abriga a memória do martírio e o túmulo do Apóstolo, tanto para a conservação e decoração do edifício como para a disciplina interna dos guardiões, dos peregrinos e dos visitantes, de acordo com suas próprias normas. Nos casos necessários, o Presidente e o Secretário da Fábrica agem de acordo com o Capítulo da mesma Basílica.

Art. 245 A Pontifícia Comissão para a Arqueologia Sacra tem a tarefa de estudar, conservar, proteger e valorizar as catacumbas cristãs da Itália, nas quais os testemunhos de fé e de arte das primeiras comunidades cristãs continuam a transmitir sua profunda mensagem aos peregrinos e visitantes.

Art. 246 Para a pesquisa e a divulgação da verdade nos diversos setores da ciência divina e humana, surgiram várias academias dentro da Igreja Católica, entre as quais se destacam a Pontifícia Academia das Ciências, a Pontifícia Academia das Ciências Sociais e a Pontifícia Academia para a Vida.

Art. 247 A fim de promover e desenvolver uma cultura de qualidade nas instituições acadêmicas diretamente dependentes da Santa Sé e garantir seus critérios de qualidade válidos em nível internacional, foi criada a Agência da Santa Sé para a Avaliação e Promoção da Qualidade Universitária.

Art. 248 A Autoridade de Supervisão e Informação Financeira é a Instituição que, nas formas previstas pela lei e pelo próprio Estatuto, exerce as seguintes funções: vigilância para os fins de prevenção e combate à lavagem de dinheiro e ao financiamento do terrorismo nas relações com os Entes submetidos à sua supervisão; vigilância prudencial sobre os Entes que profissionalmente exercem atividade financeira; regulação prudencial dos Entes que exercem profissionalmente atividades financeiras; e, nos casos previstos pela lei, em matéria de prevenção e combate à lavagem de dinheiro e ao financiamento do terrorismo. Nessa qualidade, desempenha também a função de informação financeira.

Art. 249 Todas as instituições coligadas à Santa Sé acima indicadas são regidas por leis próprias quanto à constituição e à administração.

Capítulo XI
NORMA TRANSITÓRIA

Art. 250 § 1º O que foi estabelecido em via geral pelas normas desta Constituição Apostólica aplica-se à Secretaria de Estado, aos Dicastérios, aos Organismos, aos Ofícios e às Instituições que fazem parte da Cúria Romana ou são coligadas com a Santa Sé. Aqueles, pois, que dispõem também de próprios Estatutos e Leis, observem-nos apenas na medida em que não se oponham à presente Constituição Apostólica, propondo, quanto antes, a sua adequação à aprovação do Romano Pontífice.

§ 2º As normas executivas atualmente em vigor para as matérias referidas no § 1º, bem como o "Regulamento Geral da Cúria Romana", o *Ordo Servandus* e o *Modus Procedendi* internos às Instituições curiais e aos Ofícios, sejam observados em tudo o que não for contrário às normas da presente Constituição Apostólica, até a aprovação do novo *Ordo Servandus* e dos Estatutos.

§ 3º Com a entrada em vigor desta Constituição Apostólica, a Constituição *Pastor Bonus* é totalmente revogada e substituída e, com ela, também são abolidos os Organismos da Cúria Romana nela indicados e não mais previstos ou reorganizados na presente Constituição.

Estabeleço que a presente Constituição Apostólica seja, agora e no futuro, estável, válida e eficaz, produza perfeitamente os seus efeitos a partir de 5 de junho de 2022, Solenidade de Pentecostes, e que seja cuidada pela sua plena observância, em todos os detalhes, por aqueles a quem se dirige, para o presente e para o futuro, não obstante qualquer circunstância em contrário, ainda que mereça menção muito especial.

Dado em Roma, junto de São Pedro, na Solenidade de São José Esposo da Bem-Aventurada Virgem Santa Maria, a 19 de março de 2022, décimo do meu Pontificado.

Franciscus

SUMÁRIO

LISTA DE SIGLAS 5

Capítulo I

PREÂMBULO 7
A conversão missionária da Igreja 8
A Igreja: mistério de comunhão 10
O serviço do Primado e do Colégio dos Bispos 11
O serviço da Cúria Romana 13
Todo cristão é um discípulo-missionário 14
Significado da reforma 15

Capítulo II

PRINCÍPIOS E CRITÉRIOS PARA O SERVIÇO
DA CÚRIA ROMANA 17

Capítulo III

NORMAS GERAIS 25
Noção de Cúria Romana 25
Natureza pastoral das atividades curiais 25

Princípios operacionais da Cúria Romana 27

Estrutura da Cúria Romana 29

Competência e procedimento das Instituições curiais ... 33

Reunião dos Chefes das Instituições curiais 40

A Cúria Romana a serviço das Igrejas particulares 41

Visitas *ad limina Apostolorum* 42

Regulamentos 44

Capítulo IV

SECRETARIA DE ESTADO 45

Seção para os Assuntos Gerais 45

Seção para as Relações com os Estados
e as Organizações Internacionais 47

Seção para o Pessoal de função diplomática
da Santa Sé 49

Capítulo V

DICASTÉRIOS 51

Dicastério para a Evangelização 51

   Seção para as questões fundamentais
   da evangelização no mundo 52

   Seção para a primeira evangelização
   e as novas Igrejas particulares 55

Dicastério para a Doutrina da Fé 58

Dicastério para o Serviço da Caridade 63

Dicastério para as Igrejas Orientais 64

Dicastério para o Culto Divino
e a Disciplina dos Sacramentos 66
Dicastério das Causas dos Santos 69
Dicastério para os Bispos 70
Dicastério para o Clero 75
Dicastério para os Institutos de Vida Consagrada
e as Sociedades de Vida Apostólica 79
Dicastério para os Leigos, a Família e a Vida 82
Dicastério para a Promoção da Unidade dos Cristãos ... 87
Dicastério para o Diálogo Inter-religioso 89
Dicastério para a Cultura e a Educação 91
Dicastério para a Promoção do Desenvolvimento
Humano Integral 97
Dicastério para os Textos Legislativos 102
Dicastério para a Comunicação 105

Capítulo VI

ÓRGÃOS DE JUSTIÇA 107
Penitenciaria Apostólica 107
Supremo Tribunal da Assinatura Apostólica 108
Tribunal da Rota Romana 111

Capítulo VII

ÓRGÃOS ECONÔMICOS 115
Conselho para a Economia 115
Secretaria para a Economia 117

Administração do Patrimônio da Sé Apostólica 121
Ofício do Auditor-Geral 122
Comissão de Matérias Reservadas 123
Comitê para os Investimentos 124

Capítulo VIII

OFÍCIOS 125
Prefeitura da Casa Pontifícia 125
Ofício das Celebrações Litúrgicas do Sumo Pontífice 126
Camerlengo da Santa Igreja Romana 128

Capítulo IX

ADVOGADOS 131
Registro dos Advogados junto à Cúria Romana 131
Corpo dos Advogados da Santa Sé 132

Capítulo X

INSTITUIÇÕES COLIGADAS COM A SANTA SÉ 133

Capítulo XI

NORMA TRANSITÓRIA 137

Rua Dona Inácia Uchoa, 62
04110-020 – São Paulo – SP (Brasil)
Tel.: (11) 2125-3500
http://www.paulinas.com.br – editora@paulinas.com.br
Telemarketing e SAC: 0800-7010081